Mosaïque

Mosaïque

Projets & Techniques

PEGGY VANCE
&
CELIA GOODRICK-CLARKE

dessain et tolra

Remerciements à mon mari,
à Dharminder Singh Kang.
Peggy Vance

Édition originale
© 1994 Conran Octopus Limited
Titre original : THE MOSAIC BOOK, Ideas, Projects and Techniques

ISBN 1 85029 658 8
Photos techniques : Clay Perry
Illustrations couleur : Alison Barret
Motifs noir et blanc : King & King
Recherche iconographique : Abigail Ahern

Édition française
Traduction : Gisèle Pierson
Révision et préparation : Christian Oster
Coordination technique : Claudine Vanlathem
Édition : Corinne Booth
Direction éditoriale : Catherine Franck-Dandres
Composition : Empreintes

© 1995, Dessain et Tolra, Paris
Dépôt légal : mai 1995
Imprimé et relié à Singapour par Tien Wah Press
ISBN 2 249 30005 4

SOMMAIRE

AVANT-PROPOS

Étant journaliste dans le domaine de la décoration d'intérieur, j'ai eu la chance de visiter au cours de ces douze dernières années des centaines de demeures remarquables dont beaucoup comportaient des éléments en mosaïque, simples décors ou œuvres d'art exposées comme telles. Lorsque vous commencez à vous intéresser à ce genre de réalisations, vous en voyez partout, au fond des piscines, dans les stations de métro, brillant derrière les bars des restaurants ou égayant d'une note de couleur les sols austères des banques. J'ai même vu des villages de Cornouailles décorés de galets, de coquillages et d'éclats colorés de faïence et de verre.

La mosaïque est pourtant plus qu'un simple ornement représentatif du style décoratif du XXe siècle. C'est aussi la plus ancienne forme d'art, la plus durable et la plus fonctionnelle, dont les couleurs ne fanent jamais et dont les matériaux résistent au soleil, à la pluie, au gel ou même à des siècles d'enfouissement. Dans son livre *Mosaïques*, Carlo Bertelli affirme : « L'art de la mosaïque traverse l'histoire tel un grand fleuve un désert perméable, où il disparaît pour reparaître plus loin ». Les couleurs des premières mosaïques étaient celles de la pierre naturelle : verts doux, bleu, ocre, blanc, terre cuite et noir, auxquelles furent ajoutés peu à peu des éclats de verre. Les maîtres byzantins réalisèrent un kaléidoscope étincelant en inclinant des smalts dans le ciment pour créer des effets de lumière. Les Anciens croyaient aussi que le scintillement de la lumière et les tessons de miroirs abritaient « un éclair de l'esprit ». C'est pourquoi les mosaïques d'extérieur sont si belles sous la pluie, leur éclat se reflétant sur le feuillage humide.

Théoriquement, la mosaïque est d'une réalisation facile et peut être abordée par tous ceux qui savent carreler un mur ou effectuer un collage. En pratique, elle doit être soigneusement conçue, composée, agencée et exécutée pour obtenir un fini professionnel. Tout débutant doit se rappeler ce principe essentiel : le meilleur motif est le plus simple. Le novice pourra commencer avec

un objet régulier et plat, comme un entourage de miroir (voir p. 42-43), ou rapidement réalisé, comme de petits bijoux (voir p. 52-55).

Quel que soit votre niveau, considérez les réalisations choisies comme une source d'inspiration destinée à développer votre créativité et votre intérêt pour cette passionnante forme d'art.

Celia Goodrick-Clarke

LE GLORIEUX HÉRITAGE DU PASSÉ

Nous sommes peut-être tous mosaïstes au fond de nous-mêmes. Qui peut en effet résister à la tentation de poser le dernier morceau d'un puzzle ou de créer un dessin avec des boutons dépareillés ou des bonbons ?

L'art antique de la mosaïque dérive de ce désir inné d'ordre et d'ornementation. Il y a 5 000 ans, les Sumériens créèrent des dessins muraux au moyen de clous d'argile colorés, et, au IIIe siècle avant J.-C., les Grecs réalisaient des mosaïques de cailloux non taillés de diverses couleurs. Depuis cette époque, l'homme a utilisé les matériaux les plus inattendus pour créer des mosaïques destinées à des édifices ou des espaces publics et privés. La variété des applications possibles est immense, allant du décor d'intérieur et d'extérieur au mobilier et aux bijoux. Grâce à la permanence des matériaux utilisés, la plus grande partie des mosaïques, dont beaucoup d'œuvres romaines remarquables, nous sont parvenues intactes. Inspirés par les exemples grecs, les Romains exploitèrent au maximum les qualités fonctionnelles et décoratives du matériau, en l'utilisant aussi bien pour des pavements d'usage intensif que pour des décorations murales intriquées. On trouve dans tout l'Empire romain des mosaïques représentant une immense gamme de genres et de styles : compositions conventionnelles évoquant les dieux, scènes détaillées de la vie quotidienne, mais aussi images monochromes simples, en « silhouette », études d'animaux, ainsi qu'un répertoire inépuisable de bordures abstraites et de motifs divers.

Au cours du règne de l'empereur Justinien (527-565), les influences romaine, barbare et orientale contribuèrent au dévelop-

Le panneau représentant le Triomphe de Neptune *(à gauche), qui date de la première moitié du IIIe siècle, montre bien la complexité des dernières mosaïques romaines, par la finesse de ses tesselles, la précision de l'étude anatomique et des autres détails, et le large schéma incurvé de sa composition.*

Dans l'Empire romain, la popularité des mosaïques de pavement fut sans doute due à une avance technique qui permettait une production plus rapide et aux énormes quantités de marbre extraites des carrières locales par les Romains, partout où ils se trouvaient. Le pavement marocain (ci-dessous) suit la tradition des emblemata, *panneaux extraordinairement intriqués, mis en valeur par un encadrement géométrique.*

Le presbytère de San Vitale à Ravenne abrite deux remarquables panneaux représentant l'empereur Justinien et l'impératrice Théodora. Dans le premier (page ci-contre), smalts, pierres précieuses et pierres fines sont subtilement associés pour rendre la splendeur de la couronne de l'empereur et des costumes.

pement du style byzantin. Les conventions picturales chrétiennes commençaient à s'implanter, offrant une hiérarchie d'images en réponse aux encouragements des mécènes. La mosaïque devint le premier procédé de décoration des églises chrétiennes, selon l'habitude byzantine de recouvrir les murs d'un parement en marbre.

Les mosaïques de l'église San Vitale de Ravenne, capitale de l'Empire romain d'Occident, illustrent le génie de l'époque : couleurs vibrantes (dont l'introduction du smalt doré), association de divers matériaux et création d'une surface ondulée exploitant au maximum la réflexion de la lumière.

La mode qui voulait que la mosaïque imite la peinture atteignit son apogée au XVIIIe siècle, avec des réalisations reprenant les vastes compositions des peintres et une incroyable palette de nuances (à gauche).

L'Art nouveau et surtout sa branche catalane, le modernisme, virent proliférer une exubérance de motifs abstraits et stylisés, sur de nombreux bâtiments administratifs (ci-dessous).

La mosaïque faisait partie intégrante de l'architecture particulière à Gaudí, utilisée comme moyen d'expression dynamique pour colorer les formes.

Le style byzantin de Ravenne, aux Ve et VIe siècles, allait être repris et développé à Venise pour atteindre son apogée à Constantinople, entre les XIIIe et XVe siècles.

La Renaissance vit tout d'abord le déclin de la mosaïque, mais, au milieu du XVe siècle, de grandes quantités de smalts furent produites à Murano, et de nouvelles œuvres naquirent, influencées par le développement de la peinture.

Un fascinant dialogue s'ensuivit entre la peinture et la mosaïque, chaque art imitant l'autre et s'efforçant de créer l'illusion. On réalisa des panneaux avec des tesselles si fines que la texture en paraissait lisse, et l'intérieur des églises était fréquemment peint en imitation de mosaïque dorée.

A la fin du XVIe siècle les mosaïques de la Renaissance atteignirent leur apogée dans les réalisations monumentales de la basilique Saint-Pierre de Rome, qui inspirèrent à Ghirlandaio (selon Vasari) la remarque suivante : « *La vera pittura per l'eternità* ».

Au XVIIIe siècle, un atelier s'est établi au Vatican même, dont l'objectif essentiel était la production d'autres œuvres monumentales pour Saint-Pierre. Cependant, à l'époque où ces panneaux massifs étaient réalisés, il existait également à Rome un engouement pour la mosaïque miniature, utilisant des tesselles à peine visibles à l'œil nu.

L'éclectisme du XIXe siècle vit la renaissance des artisanats de toutes sortes, dont la mosaïque, qui fut de plus en plus pratiquée, avec des écoles spécialisées réalisant d'importantes commandes publiques (dont la cathédrale Saint-Paul à Londres et l'Opéra de Paris). L'atelier d'Antonio Salviati à Murano, entre autres, jouissait d'une grande notoriété, grâce à ses belles reproductions de mosaïques historiques exportées dans le monde entier.

Au début du XXe siècle, cependant, sous l'influence de l'Art nouveau naissant, la mosaïque commença à se libérer du langage imitatif et représentatif qui avait été le sien jusqu'alors, en acceptant l'introduction du motif pur et de formes abstraites et stylisées. Des édifices relativement ordinaires, surtout à Paris, à Barcelone et à Prague, se couvrirent de mosaïque, et Barcelone en particulier se distingua par les créations éclectiques de l'architecte Antonio Gaudí. Son influence devait ouvrir la voie à une complète liberté d'expression et encourager des artistes comme Klimt, Chagall et Kokoschka à créer des œuvres avec ce matériau.

OUTILS ET MATÉRIAUX

Tesselles

Cubes de base qui forment la mosaïque. Avant même de commencer une quelconque réalisation, il est conseillé de choisir et de préparer une quantité suffisante de tesselles. Vous trouverez ci-dessous les types les plus courants, mais il faut leur ajouter toute sorte d'autres objets et matériaux, tels que pierres fines, coquillages, boutons, pierres artificielles et perles.

Smalts. Ces pavés rectangulaires en pâte de verre, généralement de 10 x 15 x 7 mm, fabriqués artisanalement en Italie, existent dans une gamme de couleurs extrêmement étendue. Les smalts dorés et argentés sont plus coûteux, le métal précieux étant pris entre une épaisse couche de verre coloré et un vernis plus mince de verre transparent. On peut les utiliser sur n'importe quel côté, selon l'effet désiré, et leurs dimensions standard sont de 20 x 20 x 4 mm.

Pâte de verre. Ces carreaux sont lisses sur le dessus et légèrement rugueux sur l'envers pour permettre un bon accrochage. Leur gamme de couleurs n'est pas si étendue que celle des smalts, mais ils sont solides, moins chers (mais les prix varient selon les couleurs), très résistants aux intempéries et très faciles à couper avec une pince à tailler (voir p. 13). Ces tesselles s'achètent en vrac, en sachets par coloris, ou collées sur du papier.

Marbre. Bien qu'il soit assez difficile à couper (voir p. 13), le marbre offre une incroyable gamme naturelle de couleurs et de dessins. Il peut être poli ou laissé mat, auquel cas il doit recevoir une couche de fixateur.

Pierres et galets. Les pierres dures sont préférables, silex, quartz, granit et grès. Les pierres et les galets doivent être profondément enfouis dans une base de ciment.

Tesselles en faïence. Elles vont des carreaux de faïence classiques blancs, que l'on peut peindre et cuire, aux petits carreaux de terre cuite et aux morceaux de faïence cassée. La variété est infinie et le matériau facile à couper, la faïence, cependant, supporte mal le gel.

Outils à couper les tesselles, colles et adhésifs, et nécessaire de protection (ci-dessus). De droite à gauche à partir du haut : scalpel, couteau stanley, couteau à peindre, coupe-verre, pince universelle, pince plate à bec long, pince à tailler, marteau, masque à poussière, lunettes de protection, ciseaux, papier kraft, ciment-colle, gomme arabique, colle vinylique, spatule en caoutchouc.

La marteline et la bigorne, outils les plus traditionnels et les plus efficaces pour couper smalts, marbre ou pierre, ne se trouvent que chez les spécialistes. Pour faciliter la coupe, la bigorne est généralement fixée dans l'extrémité sciée d'un bloc de bois, et sa pointe, de même que le bord courbe du marteau, est souvent renforcée par du carbure de tungstène. Pour couper une tesselle, tenez le matériau entre le pouce et les autres doigts de la main gauche (ou droite si vous êtes gaucher), le bord le plus long doit reposer sur la pointe de la bigorne. Tenez le marteau dans la main droite (ou gauche pour les gauchers), de façon à frapper légèrement le pavé de mosaïque juste au-dessus de la pointe de la bigorne. Il faut une certaine pratique pour maîtriser le procédé.

Outils de coupe des tesselles

Outre les outils de base décrits ci-dessous, pinces, coupe-verre et marteau vous seront également utiles.

Pinces à tailler. Elles sont parfaites pour couper, selon des formes relativement précises, la pâte de verre et la faïence (voir p. 17). La pince à ressort est moins fatigante à long terme.

Marteline et bigorne. Enclume et marteau traditionnellement et principalement utilisés pour couper le marbre et les smalts. Les deux éléments doivent être renforcés au carbure de tungstène, et le marteau doit être proportionné à la taille de la bigorne.

Préparation des supports

Le métal doit être rayé ou enduit pour accrocher et le bois recevoir une couche de bouche-pores. Les panneaux d'aggloméré de moyenne densité et le contreplaqué de 12,5 mm forment des supports appréciés pour leur solidité, leur durabilité et leur résistance au gauchissement.

Colles et adhésifs

Ils doivent convenir à la fois aux tesselles et au support : colle vinylique pour coller le verre et les faïences sur le bois ; ciment-colle pour coller la faïence d'intérieur sur le bois et les matériaux synthétiques ; ciment-colle résistant à l'eau pour la faïence d'extérieur sur métal ou ciment ; mastic-silicone pour la faïence sur le verre ; colle à marbre pour le marbre sur la plupart des surfaces ; et gomme arabique et colle à papier peint pour coller provisoirement les tesselles sur du papier (voir p. 18).

Ciment et ciment-colle à joints

Le ciment sert à coller les tesselles sur une base ou peut former la base elle-même (voir p. 18). Il est constitué d'une sorte de pierre réduite en poudre et qui, mélangée avec de l'eau et du sable, forme un support dense, solide et bon marché. On peut l'appliquer sur les murs (voir p. 98-99) ou en faire des dalles (voir p. 90-93), et il convient pour l'extérieur si on le laisse sécher lentement, à l'abri du gel (les additifs hydrofuge et antigel améliorent sa souplesse).

Le ciment-colle à joints ou mortier sert à remplir les interstices entre les tesselles (voir p. 17). Le jointoiement renforce le lien avec la base et donne une surface lisse et pratique. Il existe différents ciments-joints appropriés aux diverses tâches, mais tous peuvent être colorés par de la gouache ou de la peinture acrylique ajoutée au mélange sec. L'excès de ciment-colle à joints doit être retiré avant de sécher, à l'éponge ou à la brosse, ou avec une solution diluée

d'acide chlorhydrique, après 24 heures de séchage.

Conseils de sécurité

Portez des lunettes de protection et un masque pour couper des tesselles, scier un panneau de fibres, utiliser des solvants, et des gants de caoutchouc pour manipuler le ciment, le ciment-colle ou l'acide.

Tesselles (ci-contre). Au centre, smalts sous des éclats de poterie. De droite à gauche à partir du haut : morceaux de miroir, fausses pierres, cailloux, smalts or et argent, pâte de verre, paillettes.

Matériel pour cimenter et jointoyer (ci-dessous). De droite à gauche à partir du haut : éponge, peigne à colle, brosses à peindre, ciseau à bois, brosse à ongles, gants de caoutchouc, ciment, colorant, sable, ciment mélangé, truelle, raclette, chiffon non pelucheux.

MÉTHODE DIRECTE : ÉCHIQUIER

Technique de base polyvalente pour poser la mosaïque. Les tesselles sont collées, endroit visible, sur un fond préparé, et le procédé est pratiquement le même pour les smalts, la pâte de verre, le marbre ou la faïence, sur des bases aussi variées que le bois, le métal, la pierre ou le filet. On peut exploiter avec succès les petites irrégularités de la surface créée, surtout avec les smalts ou autres tesselles reflétant la lumière, ou l'utilisation de morceaux moins orthodoxes (anses de poterie cassée, par exemple), qui apportent en eux-mêmes un intérêt particulier ; c'est pourquoi beaucoup d'œuvres ne sont pas jointoyées. Cette méthode peut s'employer sur une petite échelle, comme le montre ici l'élégant échiquier de Martin Cheek. La méthode directe est particulièrement appropriée quand le mosaïste peut aborder l'œuvre par le dessus ou quand le sujet à recouvrir est en relief et que le parement de mosaïque doit l'envelopper.

1

2

Fournitures
64 carreaux de terre cuite (cinca portugais)
Tesselles de pâte de verre veinée
Panneau d'aggloméré ou de contreplaqué, carré de 25 cm de côté environ
Colle vinylique
Moulures d'encadrement
Petites pointes
Pâte à bois
Teinture à bois (facultatif)
Ciment-colle à joints en poudre
Peinture à l'eau
Nettoyant à sol liquide

Outils
Pince à tailler
Scie sauteuse
Scie ou scalpel
Papier de verre
Crayon
Règle
Planche à mélanger
Récipient
Truelle
Raclette
Chiffon non pelucheux
Gants de caoutchouc
Cure-dents

1. Avec la pince à tailler, coupez en quatre deux tesselles de pâte de verre (voir étape 3) et posez huit rangées complètes de huit carreaux en terre cuite avec trois rangées de tesselles en pâte de verre (coupées en quatre) de chaque côté. Laissez de petits espaces entre les pièces pour jointoyer.

Mesurez la rangée de carreaux et de tesselles, et coupez à la scie sauteuse, dans le panneau d'aggloméré de moyenne densité ou de contreplaqué, un carré de même dimension.
Passez sur les deux côtés du support un fixateur obtenu avec 50 % de colle vinylique et 50 % d'eau. Laissez sécher une heure.

Rayez la planche à la scie ou au scalpel.

3

5

4

6

Coupez quatre longueurs de baguette d'encadrement en sciant les coins en onglet, collez-les autour de la planche et clouez-les en place avec deux pointes de chaque côté. Comblez les interstices avec de la pâte à bois, poncez les angles pour qu'ils soient bien lisses et terminez en teintant l'encadrement (facultatif).

2. Tracez sur le panneau une croix et des diagonales qui vous serviront de guide. Enduisez ensuite l'envers des carreaux de terre cuite de colle vinylique et collez-les en vous aidant des diagonales et en laissant de petits intervalles pour jointoyer. Commencez au centre et développez le motif vers l'extérieur.

3. Lorsque l'échiquier est formé, coupez en quatre le reste des tesselles en pâte de verre avec la pince à tailler. Maintenez la tesselle entre le pouce et l'index d'une main et placez les mâchoires au milieu d'un côté, à angle droit. Serrez d'un coup sec, la tesselle doit se casser proprement en deux rectangles.

4. Commencez à coller une première rangée de tesselles, arête vers le bas, tout autour de l'échiquier. Quand la première rangée est terminée, collez les deux suivantes pour remplir l'espace vide de façon régulière. Laissez sécher au moins une heure.

5. Posez une petite quantité de ciment-colle en poudre sur une planche en faisant un puits au centre. Si vous préférez un mortier coloré, ajoutez une petite quantité de peinture à base d'eau, acrylique ou gouache (voir p. 14-15). Versez peu à peu de l'eau froide, en l'incorporant dans le ciment-colle avec une truelle, jusqu'à obtention d'un mélange de consistance malléable, semblable à celle du beurre.

6. Posez une bonne quantité de mortier à la truelle sur la surface de l'échiquier et étalez-le avec la raclette en recouvrant bien tous les interstices.
Puis essuyez aussitôt avec un chiffon non pelucheux et légèrement humide, pour retirer l'excès de mortier. Essuyez jusqu'à ce que la surface soit propre. Vérifiez aussi que l'encadrement ne porte aucune trace de mortier. Retirez avec une allumette ou un cure-dents tout reste de mortier à la surface des tesselles. Laissez sécher 24 heures et polissez avec un nettoyant liquide pour sols.

MÉTHODE INDIRECTE OU AU CARTON :

Cette méthode a été conçue pour réaliser des œuvres de grandes dimensions ailleurs que sur le site auquel elles sont destinées, pour des raisons d'accessibilité et de commodité. Comme pour la méthode directe (voir p. 16-17), les matériaux employés peuvent varier, mais le principe de base reste le même, comme on le voit ici avec cette dalle de pavement de Martin Cheek : le mosaïste colle les tesselles face vers le bas sur un support temporaire, avec une colle provisoire à base d'eau. On prépare ensuite une base définitive (généralement du ciment), dans laquelle les tesselles sont posées, puis l'on retire le support en révélant pour la première fois l'endroit de la mosaïque. L'œuvre obtenue est beaucoup plus uniforme, ce qui constitue un grand avantage si l'on désire une surface lisse, parfaite pour les sols. Ces mosaïques sont toujours jointoyées de façon à être encore plus lisses, plus solides et plus faciles à nettoyer.

1

2

Fournitures

Papier kraft
Ruban papier kraft
Panneau d'aggloméré ou de contreplaqué de 25,5 cm^2
Tesselles de pâte de verre de tons contrastants
Gomme arabique ou colle à papier peint
Vaseline
Sable fin
Grillage à poulailler
Ciment
Ciment-colle à joints sec

Outils

Crayon et feutres
Règle
Pince à tailler
Scie
Tasseaux de 5 x 2,5 cm de section
Vrille
Vis de 3,25 cm de long
Pinceau pour artistes
Gants de caoutchouc
Pot
Pince coupante
Truelle
Feuille plastique
Raclette
Chiffon non pelucheux
Brosse de ménage ou éponge gratteuse non métallique

1. Trempez dans l'eau un carré de 23 cm de papier kraft et posez-le en l'étirant sur la planche d'aggloméré ou de contreplaqué. Quand le papier est sec, dessinez au crayon le carré extérieur de 20,5 cm de côté de la dalle. Dessinez ensuite le motif de base de la dalle, avec des couleurs distinctes pour marquer les différentes parties.

2. Précoupez une bonne quantité de tesselles en quatre avec la pince à tailler (voir p. 17) et rappelez-vous de les poser arête vers le haut pour que le côté lisse soit apparent dans la dalle terminée. Avec de la gomme arabique ou de la colle à papier peint, collez une bordure de tesselles pour marquer le contour, puis travaillez par petites

DALLE DE PAVEMENT

3

5

4

6

surfaces, en recoupant les carrés en triangles avec la pince à tailler pour qu'ils se placent dans les diagonales. Laissez de petits espaces entre les tesselles pour le jointoiement. La pose de tesselles encore plus foncées dans les parties déjà sombres ajoutera de la profondeur à la couleur et un effet de scintillement. Posez les tesselles bien à plat et bien alignées (voir p. 20-21), remplissez ainsi toute la surface.

3. Sciez les tasseaux en courtes sections et placez-les autour de la surface de mosaïque, en laissant seulement un espace de 2 mm. Vissez les tasseaux l'un contre l'autre et également sur la planche de base. Passez de la vaseline sur le côté intérieur de cet encadrement (ce qui empêchera l'adhésion), mais évitez d'en mettre sur les tesselles. Saupoudrez la surface de sable et faites pénétrer celui-ci avec un pinceau dans tous les interstices.

4. Mettez des gants de caoutchouc et mélangez trois mesures de sable pour une mesure de ciment ; faites un puits au milieu et ajoutez de l'eau jusqu'à obtention d'une consistance de boue assez liquide.

5. Versez le ciment dans le cadre pour l'emplir à moitié. Avec la pince coupante, découpez un carré de grillage et posez-le à l'intérieur du cadre avant de le garnir d'une autre couche de ciment, en emplissant le cadre. Égalisez la surface à la truelle. Couvrez le cadre avec une feuille de plastique et laissez sécher une semaine.

6. Pour démouler la dalle, retirez toutes les vis. Tapez légèrement au marteau sur les tasseaux pour les détacher. Détachez la dalle de ciment du support en bois, en exposant la surface de la mosaïque. Si quelques tesselles restent collées sur le papier, vous les recollerez avec du ciment-colle. Retirez le sable de la mosaïque en l'aspirant ou en le balayant, recollez des tesselles s'il en manque et laissez-les sécher pendant une heure. Polissez la surface de la dalle de la façon habituelle, avec une brosse dure ou une éponge gratteuse non métallique (voir p. 17).

POSE DE LA MOSAÏQUE

Il va sans dire que les tesselles qui composent une œuvre en mosaïque doivent être disposées selon un certain ordre, même si cet ordre est le fait du hasard. Le mosaïste doit penser non seulement à la façon dont les matériaux, les motifs et les couleurs seront utilisés, mais également à la façon dont chaque tesselle sera juxtaposée. Les possibilités sont infinies, les choix dépendant de la forme, de la hauteur et de la dimension des tesselles et d'un grand nombre de facteurs esthétiques, comme leur densité et la nature des interstices laissés entre elles, leur alignement, leur disposition en rangées distinctes ou à la manière d'un puzzle, en une sorte de patchwork coloré.

Il n'existe aujourd'hui aucune règle stricte dictant la disposition des tesselles, mais les conventions établies peu à peu au cours des siècles offrent un chemin tout tracé, permettant d'obtenir des résultats pratiques et/ou expressifs. En raison principalement de leur habileté à tailler la pierre, les Romains créèrent certains motifs classiques codifiés sous les noms d'*opus vermiculatum* et d'*opus tessellatum*, et employés systématiquement pour obtenir de remarquables effets esthétiques.

Le motif du chien (ci-contre) est entouré par une double rangée de tesselles qui en suit le contour. *Vermis* est le mot latin pour « ver », et dans *opus vermiculatum* le fond se love autour du motif, en le soulignant. Mais, si cet effet était repris sur plus de deux ou trois rangées, il prendrait trop d'importance, et c'est pourquoi la masse du fond est remplie en *opus tessellatum*, arrangement rectiligne de petites tesselles cubiques. Le mosaïste a utilisé des morceaux de marbre plus petits et effilés pour remplir les espaces

Ce panneau de la série Punch Flip, *de Martin Cheek (à gauche), est un joyeux exemple d'une œuvre moderne dans laquelle les lignes du décor contribuent à rendre une impression de mouvement. Les smalts utilisés pour le corps de polichinelle suivent une ligne longitudinale, tout comme les rayures de sa tunique et, n'étant pas jointoyés, ressortent davantage. À ces lignes font écho celles du fond en pâte de verre, qui, bien que disposées de façon moins régulière, suivent la forme et le mouvement de la silhouette.*

La mosaïque moderne doit beaucoup aux constructions éloquentes élaborées par les mosaïstes byzantins (voir p. 8-9), qui excellaient à décrire la forme par le contour. La tête de l'impératrice Théodora de San Vitale à Ravenne (à droite) est un chef-d'œuvre dans le domaine du portrait, où les diverses formes et la disposition complexe des tesselles soulignent le modelé et la texture du visage.

*La célèbre mosaïque romaine que l'on trouvait sur le seuil des maisons et qui indiquait la présence d'un chien (page ci-contre à droite) montre l'association de deux techniques romaines de pose, l'*opus vermiculatum *et l'*opus tesselatum.

*Mais les Romains ne se limitèrent pas pour leurs fonds à l'*opus tessellatum *; et ils explorèrent une vaste gamme de schémas de pose différents, dont des dispositions en éventail ou en écailles de poisson (page ci-contre, en bas à droite).*

irréguliers qui se présentent. Cette disposition se retrouve dans bon nombre de mosaïques romaines.

Les mosaïstes byzantins, fascinés par la représentation des formes en verre et en pierre, disposaient les tesselles presque comme de larges coups de pinceau incurvés, pour établir les contours des visages et des drapés (voir légende).

L'objectif moderne est généralement de réaliser des décors puissants et expressifs, et les mosaïstes disposent habituellement tout d'abord les traits les plus importants, pour établir la structure physique et expressive de leur sujet, puis les figures secondaires du motif et, enfin, le fond.

OBJETS

TABLES

CADRES ET MIROIRS

VASES ET BOÎTES

BIJOUX

Les objets en mosaïque permettent d'apprécier la beauté du procédé sans les contraintes d'une permanence architecturale. On peut associer ces objets dans une pièce, en coordonné ou en contraste, qu'il s'agisse de grands meubles ou de petites boîtes. Tout n'est pas obligatoirement fonctionnel ; de nombreux artistes nous dévoilent ici des sculptures en mosaïque ou de remarquables bijoux réalisés avec de minuscules tesselles.

Les plateaux de table offrent un intéressant support à l'imagination. La surface constituée par les tesselles doit être plane et jointoyée, dans un but pratique, mais les couleurs et les formes employées peuvent être infiniment variées, comme le montre ce large motif abstrait en morceaux de faïence.

OBJETS DIVERS

Depuis des siècles, la mosaïque est utilisée pour décorer les murs et les pavements aussi bien que les objets car elle a le pouvoir de transformer des éléments simples, ordinaires et quotidiens en merveilles opulentes, riches et somptueuses. Aucun moule ni équipement encombrant n'est requis, il suffit d'un peu de patience et d'habileté car la mosaïque ne présente, en outre, aucune complexité technique. Les applications possibles sont aussi nombreuses que les objets à décorer, la mosaïque adhérant à la plupart des matériaux solides (bois, métal, céramique et plastique étant les bases les plus courantes).

Lorsqu'il est incrusté de mosaïque, un article de série devient aussitôt une pièce unique, qui peut, si l'échelle de la réalisation s'y prête, être effectuée en un seul jour. C'est ainsi que des objets deviennent sculptures, leurs formes étant soulignées par leur interprétation en mosaïque : une poêle ordinaire se métamorphose en plaque murale presque tribale (à gauche) et un dressoir devient trompe-l'œil (à droite), deux traitements relativement différents qui offrent l'un et l'autre une plaisante redéfinition de l'objet original, familier et banal.

De tels objets peuvent être fonctionnels ou purement décoratifs, des meubles aux sculptures, des bijoux aux ustensiles qui perdront leur côté pratique en raison précisément des mosaïques qui les recouvrent. Dans chaque cas, l'adaptation particulière du mosaïste offre autant d'intérêt que la beauté en soi de l'œuvre terminée.

Les objets sont d'excellents supports pour les débutants, l'échelle et la complexité de chaque réalisation entreprise pouvant être facilement contrôlées. Le grand débutant commencera avec un

Le Singe à la queue rouge et aux favoris verts *de Cleo Mussi (à gauche) riche interprétation de l'ordinaire poêle à frire, n'est pas sans rappeler la force et l'humour des objets quotidiens réinterprétés par Picasso.*

Si la poêle à frire de Cleo Mussi (à gauche) a délibérément perdu toute fonctionnalité, le vaisselier (à droite) est en totale harmonie avec sa fonction. Les assiettes brisées ont été soigneusement reconstituées et rangées sur les étagères, comme il se doit. Cet effet de trompe-l'œil n'est qu'un exemple des nombreuses techniques visuelles possibles en mosaïque.

support régulier et plan, comme un entourage de miroir (voir p.42-43) ou un objet à réaliser rapidement, comme un petit bijou (voir p. 52-53 et 54-55). Le mosaïste plus expérimenté se trouvera confronté à certaines difficultés, pour conserver l'utilité d'un objet par exemple, qui devra être imperméable ou subir quelque autre traitement particulier pour être approprié à sa fonction. Les formes abordées et les matériaux appliqués deviendront également plus complexes, et, avec le temps, le mosaïste qui décorait une petite boîte quadrangulaire avec un simple motif de tesselles en pâte de verre pourra aborder la décoration d'un grand objet sculptural aux lignes courbes, embelli de tesselles taillées dans des matériaux différents.

Les objets offrent surtout une extraordinaire possibilité de s'exprimer dans ce domaine. Ils permettent au mosaïste d'interpréter librement les juxtapositions de différents matériaux, et d'inventer à partir d'éléments du quotidien, devenus trop familiers, des formes entièrement nouvelles.

Cette polyvalence des objets en mosaïque les rend faciles à commercialiser, comme objets de décoration destinés aussi bien à l'intérieur qu'à l'extérieur. Une chaise, un dressoir ou un miroir sont beaucoup plus faciles à intégrer dans un intérieur qu'une dalle de sol ou une plaque de mur en mosaïque, qui, toutes deux, doivent être conçues en même temps que la décoration de la pièce.

Rebecca Newnham s'est servi d'éclats de miroir pour créer ces extraordinaires chaussures-sculptures (ci-dessus), objets sensuels et fascinants, faits pour séduire et sans aucun intérêt pratique. A l'opposé, la mosaïque n'est qu'un élément de la Baroness Mosaic Chair *de Heather Burrel, objet tout à fait fonctionnel, dont le motif vibrant et coloré en patchwork contraste avec le fer forgé monochrome, aux arabesques tortueuses.*

Les objets en mosaïque constituent aussi des cadeaux exceptionnels, à la fois personnels et attentionnés, qui n'obligent pas celui qui les reçoit à transformer son intérieur pour les intégrer. Ce sont des œuvres d'art à part entière qui peuvent néanmoins constituer des sièges, des récipients ou des présentoirs. En s'inspirant des surréalistes, le mosaïste créatif peut jouer avec les possibilités visuelles inhérentes aux objets eux-mêmes et transformer une table, par exemple, en animal à quatre pattes, des boucles d'oreilles en oreilles, ou décorer un miroir avec un visage.

De nombreux objets en mosaïque ont heureusement traversé les siècles et deviennent aujourd'hui source d'inspiration. Pendant des centaines d'années, le procédé a servi à embellir des objets rituels, dont les exemples les plus célèbres se rencontrent dans les civilisations maya et aztèque. En perpétuant une longue tradition de l'art de la mosaïque de l'Amérique précolombienne, ces civilisations ornaient de turquoise et de jade des boucliers, des couteaux et des masques ; le roi aztèque Moctezuma II offrit à l'Espagnol Cortés, le conquérant du Mexique, plusieurs masques en mosaïque censés éloigner les forces du mal.

TABLES

Les tables offrent au mosaïste une excellente occasion de réaliser une œuvre de dimensions moyennes, et elles s'adaptent parfaitement à toute sorte de styles et de décorations. Chacune d'elles offre un support, plan et régulier, propice à l'inspiration. Ici, les méthodes d'application varient, mais l'essentiel est de créer une surface lisse et pratique.

L'immense variété de types de tables ouvre au mosaïste un vaste domaine de formes et de tailles ; mais, à moins qu'on ne veuille y poser que fort peu de mosaïque, il n'est pas nécessaire d'investir dans un article très onéreux : il suffit que la table soit solide et réponde à la fonction précise qu'on lui destine. Cependant, il est important de définir dès le départ cette fonction, qui, associée à l'emplacement, dictera le choix des matériaux.

Les bases en métal sont préférables aux bases en bois pour les tables d'extérieur, leur résistance à l'humidité étant plus grande ; mais il est indispensable d'y passer un produit antirouille pour retarder la corrosion et rendre la surface plus accrocheuse. Les tables en fer ouvragé ne doivent pas subir d'écarts de température trop importants, les fluctuations du métal risquant de casser le revêtement ; plus la base sera épaisse, moins les problèmes seront nombreux. La colle vinylique est insuffisante pour les objets d'extérieur, et il vaut mieux utiliser dans ce cas un ciment-colle solide pour métal (voir p. 14-15) et du ciment à joints d'extérieur résistant à l'eau. Pour les articles qui restent

L'impact de cette petite pièce (à gauche) est dû au fait que non seulement toutes ses surfaces sont recouvertes de mosaïque mais que le vase est également en mosaïque. Le revêtement devient ainsi un camouflage surréaliste, jumelant curieusement deux objets très différents. Ce traitement spirituel convient au style pseudo-précieux de la table et à la forme trapue et banale du vase, les deux objets étant simultanément parodiés et ennoblis par leur manteau de mosaïque. La faïence est incrustée dans un épais ciment-colle gris, et le vase paraît revêtu d'émaux cloisonnés.

Ce Plateau de table écossais (ci-dessous) d'Emma Biggs, de Mosaic Workshop (voir aussi p. 42-43, 54-55, 74-75), s'inspire d'un tissu à carreaux froissé pour créer un motif abstrait fascinant qui ressemble à une photographie aérienne de paysage.

Dans sa Table de jeux (à droite), Zoë Candlin incorpore un échiquier et un jeu de trictrac. Tous deux sont à la fois utilitaires et décoratifs. En créant une table de jeu, Zoë Candlin (voir aussi p. 32-37) perpétue une longue tradition, mais, en choisissant la mosaïque, elle abandonne les matériaux habituellement employés.

dehors en permanence, le ciment offre une excellente base inerte sur laquelle les tesselles de mosaïque adhéreront parfaitement (voir p. 108).

Les courbes des tables rondes ou ovales sont difficiles à aborder pour le mosaïste non expérimenté, et des tesselles irrégulières, posées comme les éléments d'un puzzle, lui faciliteront la tâche. Cette disposition ne convient pour l'extérieur que si les éclats de faïence ou de verre sont d'égale épaisseur et reposent bien à plat ; dans le cas contraire, la table sera plus vulnérable aux intempéries. Le gel est particulièrement dangereux : l'humidité s'insinue entre ou dans les tesselles si elles sont poreuses, et les fait éclater en cas de gel. La surface doit être bien jointoyée pour remplir les interstices et recouvrir les arêtes qui pourraient abîmer les vêtements.

Pour les tables d'intérieur, le mosaïste peut employer une gamme beaucoup plus large de matériaux et de techniques. La colle vinylique ou le ciment-colle (voir p. 14-15) suffiront à fixer les tesselles sur des bases en bois, lequel ne nécessite aucun traitement préalable en dehors d'une couche de fixatif, à moins qu'il ne soit en mauvais état ou peint, ciré ou verni (auquel cas, il faut d'abord le décaper). Les surfaces obtenues doivent évidemment être pratiques, mais des effets de texture et des détails complexes peuvent être envisagés. Les critères de décoration, s'agissant de tables d'intérieur, pourront être plus esthétiques que pratiques.

Une lourde table en bois brut, par exemple, paraîtrait ridicule revêtue d'un filigrane de tesselles en verre, et de grands et solides morceaux de faïence seront plus appropriés. Inversement, une table moderne en fer forgé aux pieds chargés de fioritures supportera une mosaïque aux tesselles très fines qui donnera l'effet d'une marqueterie de marbre. Il est possible de poser une mosaïque contrastant avec le caractère d'une table, mais cette approche peut conduire à des erreurs coûteuses. En fait, la clé du succès réside dans une préparation soigneuse, à l'aide de dessins sur papier et d'une documentation visuelle qui permettront de juger de l'effet final.

Cette solide table de jardin (à gauche) offre un excellent support pour un revêtement lisse de morceaux de faïence. Les audacieuses combinaisons de couleurs compensent le manque de texture, dû à des raisons pratiques.
Le kaléidoscope d'éclats de faïence (ci-dessus) est largement jointoyé, pour donner une surface imperméable et lisse.

PLATEAU DE TABLE ABSTRAIT BARIOLÉ

Certaines exigences et certains matériaux demandent une approche plus nuancée. La technique semi-indirecte, utilisée ici, est particulièrement appropriée pour les carreaux de faïence, dont une seule face est décorée et qu'on ne peut donc poser face vers le bas, comme dans la méthode indirecte (voir p. 18-19). Zoë Candlin, d'After Noah, considère son œuvre comme un collage qui doit être souvent modifié et équilibré au cours du travail, et auquel la méthode directe (voir p. 16-17) ne convient pas davantage puisqu'elle ne permet pas de remplacer les tesselles, déjà coupées et posées. Avec cette méthode semi-indirecte, il est indispensable de travailler sur une surface stable pour que chaque tesselle posée ne risque pas de sortir de son alignement.

Zoë utilise ici des carreaux de faïence blancs ordinaires qu'elle a peints et cuits elle-même pour créer des textures et de motifs originaux de diverses couleurs. Si vous n'avez pas de four, vous pouvez obtenir un effet semblable avec un assortiment de carreaux à motifs. Si vous décidez cependant d'utliser d'anciens carreaux non standardisés, pour recouvrir une surface régulière, comme une table, vérifiez qu'ils ont tous la même épaisseur, la surface risquant, dans le cas contraire, d'être irrégulière, peu pratique et difficile à nettoyer.

Ce plateau de table circulaire est placé sur un pied en métal, reproduction d'une table de jardin victorienne. Ce genre de pied pouvant être très coûteux, il est parfois intéressant d'explorer les brocantes. Si vous avez un petit budget, vous pouvez fabriquer vous-même une base en bois.

Ce beau plateau de table (pages précédentes) est un merveilleux mélange d'exubérance et de sobriété, sa bordure polychrome vibrante étant disciplinée par une surface centrale blanche et discrète.

Fournitures
Pied de table
Panneau circulaire d'aggloméré ou de contreplaqué, de 70 cm de diamètre
Papier blanc
Papier-calque
Carreaux de faïence
Colle à papier peint
Papier à patrons
Ciment résistant à l'eau et spatule
Ciment-colle pour joints
Ruban de métal flexible (bordure) et pointes

Outils
Crayon
Coupe-carreaux
Pince à tailler
Pinceau
Scalpel
Chiffon non pelucheux
Rouleau
Éponge

1

1. Déterminez le dessin général qui conviendra au pied et décidez à l'avance de la gamme de couleurs et de motifs que vous voulez utiliser. Lorsque vous avez établi ces paramètres approximatifs, soit vous dessinez le motif directement sur l'aggloméré ou le contreplaqué, soit vous le créez d'abord sur du papier pour le décalquer ensuite sur la planche. Ne dessinez pas chaque tesselle ; un dessin succinct suffira pour vous guider, d'autant plus qu'il est important de laisser toute latitude à l'improvisation au moment de poser les tesselles.

2

2. Rectifiez les bords irréguliers de chaque carreau avec le coupe-carreaux, en rayant la surface le long des quatre côtés et en les cassant d'un coup sec. Avec le même coupe-carreaux, coupez les morceaux obtenus en quatre ou cinq bandes que vous laisserez telles quelles ou que vous couperez à la pince à tailler, en tesselles plus ou moins carrées (voir p. 17). Vous pouvez, bien sûr, couper les carreaux aux formes désirées, en vous aidant du coupe-carreaux et de la pince à tailler. Zoë a utilisé ici des triangles et de grands carrés ainsi que des bandes et des rectangles plus réguliers.

3

4

5

3. Commencez par poser la mosaïque en allant du centre vers l'extérieur, les tesselles blanches étant alignées dans une seule direction.
A l'endroit où ces lignes régulières rencontrent la courbe de la bordure, posez une rangée de tesselles blanches ou de couleur, pour délimiter la courbe, puis coupez les tesselles formant l'extrémité de chaque rangée rectiligne, de façon à remplir les espaces irréguliers. La courbe de la bordure peut être obtenue en recoupant les tesselles avec la pince à tailler. Aucune ne doit dépasser du bord de la table, ce qui rendrait impossible la pose de la bordure métallique. Ne coupez pas d'avance tous les carreaux de faïence, car il est probable que vous aurez à assortir, à contraster ou à couper sur mesure certains morceaux au cours du travail. Lorsque toute la surface de la planche est recouverte et que vous avez effectué les modifications de dernière minute, coupez un morceau de papier solide mais mince (papier à patrons ou à photocopie) et passez sur une de ses faces au pinceau une solution épaisse de colle à papier peint. Soulevez cette feuille détrempée et, très soigneusement, posez-la, côté encollé vers le bas, sur la surface des tesselles.
Si des plis se forment, n'essayez pas de la soulever pour la replacer ; contentez-vous de lisser les plis et passez un rouleau à pâtisserie sur la surface pour qu'elle adhère bien.
Si certaines parties n'ont pas adhéré, faites un tout petit trou dans le papier et injectez un peu de colle, ou, si le papier n'a pas recouvert toute la surface, coupez un autre morceau assez grand pour le superposer au précédent. Retirez grossièrement le papier qui dépasse et laissez sécher toute la nuit.

4. En vous faisant aider, soulevez le papier et les tesselles qui y sont fixées, et posez le tout sur une autre surface plane et propre. Si le papier risque de se déchirer en étant transporté d'un seul tenant, divisez-le au scalpel en sections irrégulières que vous pourrez ensuite déplacer

6

indépendamment puis assemblez à nouveau comme un puzzle.

5. Préparez la surface de la planche avec une couche régulière de ciment-colle à carrelage résistant à l'eau, qu'il vaut mieux appliquer à la spatule. Lorsque toute la surface est recouverte, posez délicatement le papier sur le ciment, côté tesselles vers le bas, et vérifiez que les bords ne dépassent pas. Si cela se produit, déplacez le papier très légèrement avec vos deux mains. Cette étape est très délicate, un mouvement brusque risquant de faire glisser les tesselles et de les superposer, il est important de vous faire aider.

6. Lorsque les tesselles sont enfoncées bien régulièrement et bien fermement dans le ciment, humidifiez le papier avec une éponge mouillée et retirez-le doucement pour révéler la surface en mosaïque. Essuyez l'excès de colle ou les restes de papier avec un chiffon mouillé non pelucheux et laissez l'humidité s'évaporer. Il est important de vérifier, avant que le ciment sèche, que toutes les tesselles sont en place et qu'aucune ne dépasse. Dans le cas contraire, coupez délicatement ce qui dépasse avec la pince à tailler. Quand la surface vous convient, laissez sécher 24 heures (ou selon les instructions sur le paquet de ciment), puis jointoyez de manière habituelle (voir p. 17). Pour finir, posez la bande de bordure en métal souple, en la fixant dans le bois avec des pointes. Nettoyez les restes éventuels de colle ou de papier.

CADRES ET MIROIRS

Les motifs de bordure existent depuis les débuts de la mosaïque elle-même, et servent à mettre en valeur une œuvre (voir p. 112-123). Au XVIIIe siècle, ils étaient souvent intriqués et richement colorés, et commençaient à ressembler de façon très nette à des cadres peints décorés. Les artistes et les stylistes du XIXe siècle, inspirés par le renouveau d'intérêt pour l'artisanat, se préoccupèrent de plus en plus de l'encadrement de leurs peintures et objets, le cadre devenant partie intégrante de l'œuvre elle-même. Ce désintérêt pour le cadre doré classique permit l'introduction de nouveaux éléments, et parmi eux de décorations appliquées, comme la mosaïque.

Notre siècle a été témoin d'une explosion de créativité dans le design d'encadrements, aujourd'hui réalisés avec un nombre incroyable de matériaux différents, du plastique au papier mâché. Dans ce climat de recherche artistique, la mosaïque, associant diversité et polyvalence, permet de créer sur commande une œuvre unique, même si son support est produit industriellement.

Pour cette raison, beaucoup d'amateurs choisissent d'acheter des miroirs et des cadres tout faits qu'ils habillent ensuite de mosaïque. Cette approche est parfaitement valable (voir p. 40-41), mais il peut être intéressant de créer aussi la base (voir ci-contre). Des morceaux de miroir peuvent eux-mêmes ajouter une dimension supplémentaire à la décoration. Coupés en tesselles, ils serviront à créer un cadre réfléchissant la lumière. Les tesselles en miroir peuvent aussi être assemblées pour

L'hippocampe (ci-contre) n'est à proprement parler ni un miroir ni un cadre, mais une mosaïque murale décorative jouant avec les surfaces réfléchissantes, qui conviendrait particulièrement à une salle de bains. Dans sa conception comme dans son exécution, il est extrêmement simple : un motif en silhouette est choisi (voir p. 112-113), décalqué sur un panneau d'aggloméré ou de contreplaqué et découpé à la scie sauteuse ; les détails du dessin sont ensuite réalisés directement sur le panneau pour offrir un guide permettant de placer les smalts d'or et d'argent et/ou les tesselles de miroir, que l'on coupe avec une pince à tailler en bandes régulières rectangulaires. Ces tesselles sont ensuite posées sur des pointes de colle vinylique, assez serré pour supprimer la nécessité de jointoyer. De cette façon, on peut facilement créer une série de créatures marines diverses qui, si on les accroche dans la salle de bains, constitueront un décor à thème homogène.

Le miroir fantastique de Rebecca Newnham, Icare et Dédale *(à gauche), est une sculpture pleine d'esprit et d'imagination. Les deux figures mythologiques étrangement proportionnées et jaillissant d'une volute bleue ne sont pas sans rappeler* La Naissance de Vénus *de Botticelli et, en accord avec la symétrie approximative, pivot de l'œuvre, sont semblables tout en étant subtilement différentes. Des tesselles de miroir sont utilisées dans tout le motif, pour faire écho à la réflexion du miroir central, et la couleur est habilement exploitée pour donner relief, vigueur et grâce au ton bleu marine, qui constitue une assise horizontale solide. Cette mosaïque, mélange particulièrement réussi de références et d'invention, est une véritable œuvre d'art.*

donner un grand miroir fragmenté. Le cadre carré classique offre un champ d'expérience parfait pour créer des effets spéciaux. Dans cet espace, on peut explorer des associations de couleurs et de textures et introduire des éléments inhabituels. Le mosaïste pourra accentuer la symbiose entre l'image et le cadre en incorporant rend aussi hommage à des artistes tels que Duchamp et aux études de Picasso sur l'objet « trouvé ». À notre époque où l'écologie joue un grand rôle, les références de ce type s'accorderont également à notre souci de « recyclage », en donnant un nouveau sens au dialogue entre image et cadre.

dans la bordure des éléments de mosaïque ayant un rapport avec le sujet. Une photographie ancienne sera ainsi mise en valeur par des fragments d'objets comme de vieux boutons, ou une photo de bord de mer, par un entourage de galets et de coquillages (voir ci-dessus au centre). Cette approche à thème est apparentée au collage, mais

Mais de telles références ne sont pas obligatoires ; elles limitent en fait les possibilités d'exploiter le cadre, l'œuvre pouvant tout aussi bien être totalement abstraite et composée de tesselles dont les dessins n'auront d'autre signification que leur impact esthétique. Il est important que le mosaïste garde le contrôle de ces dessins, en choisissant sciemment ce qu'il veut inclure. Un mélange totalement fortuit de tesselles de toutes formes, tailles, coloris, textures et matériaux sera peut-être réussi grâce au hasard, alors qu'une palette plus limitée aura probablement un impact visuel et émotionnel bien plus puissant. Il n'est pas nécessaire pour cela que toutes les couleurs soient harmonieuses ou les textures homogènes, mais plutôt que les effets, qu'ils proviennent du contraste ou de la similitude, soient anticipés et contrôlés.

Si les difficultés techniques sont peu nombreuses, les possibilités artistiques sont multiples, et ce type de réalisation est parfait pour le mosaïste débutant (voir p. 42-43).

Le miroir de salle de bains (ci-contre à gauche) de Candace Bahouth (voir aussi p. 40, 80-81, 84 et 108-111) est une harmonieuse symphonie en bleu, des bandes irrégulières turquoise et violette, encadrent d'élégantes faïences chinoises. Le ciment de jointoiement d'un rose inhabituel donne à l'œuvre un côté tonique, vibrant et joyeux.

Ci-dessous, au centre, une mosaïque grandeur nature de petits objets trouvés sur la plage, coquillages, galets et morceaux de verre poli. Le ciment-joint de couleur jaune orangé donne l'impression que ces objets reposent sur du sable.

Le cadre incrusté de pierres « précieuses » (ci-dessus) est surchargé sans complexe, et la photo en noir et blanc, sobre et dépouillée, qu'il met en valeur, témoigne d'un intéressant renversement des rôles entre encadrement et sujet.

MIROIR MEXICAIN EN TERRE CUITE

Cet entourage de miroir circulaire, bien que d'un dessin très simple, est étonnamment original et fascinant. Emma Biggs, de Mosaic Workshop (voir aussi p. 28, 54-55 et 74-75), utilise ici uniquement des fragments de poteries mexicaines pour moitié en terre cuite mate de couleur rouille, pour moitié vernissées et d'un bleu turquoise vibrant. Avec ce seul matériau, elle obtient un effet homogène plaisant mais sans monotonie, la texture de la terre cuite brute contrastant puissamment avec le vernis lisse.

Le schéma décoratif utilisé ici, simple échiquier géométrique, ne constitue certes pas une innovation, mais Emma Biggs lui donne un remarquable effet en lui faisant décrire une forme circulaire. Le regard, de façon immédiate et spectaculaire, est attiré vers l'intérieur et le miroir du milieu, qui se détache comme le centre d'une cible.

Les couleurs ont de même une dynamique optique particulière. Le bleu et l'orange sont complémentaires, et leur juxtaposition, fort heureuse, est ici particulièrement réussie par la création d'une atmosphère évoquant un paysage brûlé de soleil, effet « ethnique » rehaussé par la texture brute, irrégulière, de cette œuvre non jointoyée.

Fournitures
Panneau circulaire d'aggloméré ou de contreplaqué de 45 cm de diamètre, ayant reçu une couche de fixateur
Miroir , de 17 cm de diamètre
Mastic au silicone
20 carreaux de terre cuite vernissée bleue
Additif adhésif au latex
Ciment-colle
Pattes de fixation
Vis

Outils
Crayon
Règle
Truelle
Pince à tailler
Bol

1. Tracez des lignes pour marquer le centre du panneau et collez le miroir au milieu avec du mastic au silicone étalé à la truelle en une couche mince et régulière. Avec la pince à tailler, commencez à couper les carreaux en tesselles en les partageant en deux plusieurs fois (voir p. 17). Essayez d'obtenir des tesselles

1

régulières en coupant les tesselles bleues côté vernissé vers le haut et le reste côté terre cuite vers le haut. Ne vous inquiétez pas si les coupes ne sont pas droites, si le vernis s'écaille ou s'il y a beaucoup de poussière et de débris.

2. Mélangez une petite quantité de colle au latex avec une quantité égale d'eau, puis ajoutez le ciment-colle en poudre, en mélangeant le tout jusqu'à obtention d'une consistance de pâte à gâteau épaisse. En partant du bord extérieur du panneau, étalez le mélange adhésif en une couche assez épaisse, sur une petite partie, et commencez à coller les tesselles, en travaillant vers le centre, rangée par rangée, en cercles concentriques. Les tesselles doivent être plus petites vers le centre. Si vous perdez le motif, trichez un peu en supprimant une tesselle.

3. Avec le même mélange, appliquez alternativement les tesselles du tour, en les « rognant » pour qu'elles ne dépassent pas du panneau. Le côté verni sera moins facile à coller que la terre cuite, et il faudra soit épaissir l'adhésif, soit coller, côté verni vers l'extérieur, toutes les tesselles du bord. Appliquez l'adhésif par petites quantités, pour le recouvrir rapidement.

4. Appliquez du mastic au silicone sur les tesselles qui doivent recouvrir le bord intérieur du miroir. Elles doivent être alignées avec le cercle intérieur des tesselles qui les entoure mais devront être rognées à la moitié de leur épaisseur pour ne pas dépasser du reste de la surface. Laissez sécher pendant une heure, nettoyez le miroir et posez sur l'envers les pattes de fixation.

2

3

4

RÉCIPIENTS : VASES ET BOÎTES

Il existe une immense variété de récipients, des boîtes aux coupes et des gobelets aux vases, pouvant tous être revêtus de mosaïque. Il est très gratifiant de transformer complètement un objet ordinaire en l'habillant d'un superbe manteau de tesselles aux teintes vives.

Il faut décider avant toute chose si l'on veut conserver à l'objet son aspect fonctionnel. Avec une boîte, la réponse sera probablement affirmative, l'intérieur n'étant pas décoré et la mosaïque pouvant être posée sur l'extérieur de manière à ne pas gêner l'ouverture et la fermeture ; mais, s'agissant d'un gobelet, par exemple, sa fonction devra probablement être sacrifiée, car, s'il est recouvert de mosaïque, il tiendra moins bien dans la main, et sera fragile et difficile à laver (voir ci-dessous).

Les gobelets de Rebecca Newnham (ci-dessous) sont non fonctionnels, comme l'indique sans détour leur bord crénelé. Leurs découpes, réalisées en argent, en bronze et en cuivre, et qui évoquent des calices médiévaux, ont une valeur décorative intrinsèque et sont conçues pour recevoir une ornementation ; ces gobelets sont en fait des œuvres nettement apparentées à l'orfèvrerie ecclésiastique mais également au gothique, aux contes de fées et même à l'iconologie de l'échiquier. Cette variété de sources se retrouve dans le choix des tesselles : le verre, de 2 mm d'épaisseur, est revêtu de feuille d'or et d'argent, de façon qu'il prenne un aspect de métal précieux.

Cette décision variera selon le choix des objets à décorer, le type de décoration appliquée et les matériaux utilisés. Il est difficile d'envisager toutes les possibilités, mais il faut se rappeler que les principaux dommages proviennent de l'eau et de l'humidité, et d'un usage quotidien. Si l'objet doit rester fonctionnel, protégez-le de l'humidité en passant une couche de fixateur sur la base, en utilisant un ciment-colle résistant à l'eau (voir p. 14-15), et assurez-vous que les tesselles sont étanches. Il est malheureusement plus difficile de protéger un objet en mosaïque des aléas de la vie quotidienne, mais on peut essayer d'en rendre la surface aussi lisse que possible et s'assurer que les tesselles sont fermement ancrées dans le ciment et/ou le ciment-joint.

Quand ces paramètres pratiques sont établis, on peut laisser libre cours à sa fantaisie. Si l'objet à transformer est petit, on peut en décorer toute la surface avec des tesselles de choix ; s'il est

L'extérieur de cette urne à la forme classique (ci-contre) est entièrement recouvert d'un patchwork de faïence et de céramique, appliqué en tesselles irrégulières. Cette plaisante disposition débridée, les tesselles paraissant se bousculer pour trouver leur place, est renforcée par le rythme coloré du vase, la base bleue et verte est en effet ponctuée ici et là par des primaires contrastantes.

grand, ce sera l'occasion d'essayer des dessins originaux et des motifs figuratifs. Il est également intéressant de « refaire » plusieurs bases identiques avec un décor complètement différent afin d'expérimenter divers effets. Un pot en terre cuite peut être irrégulièrement recouvert de morceaux de céramique multicolore (voir ci-dessus), un deuxième pot sera habillé d'une harmonieuse palette de tesselles de pâte de verre coupées en quatre et un troisième, d'objets « trouvés », tels que des boutons ou même des badges. Si vous offrez ou vendez ces pots en mosaïque, n'oubliez pas d'indiquer à quels impératifs d'entretien et de sécurité ils répondent.

COFFRET À LA PIEUVRE

Stephen Windsor Clive prône la mosaïque authentique, opposée à ce qu'il appelle « petits carrelages ». Il préfère les smalts, le marbre et les cailloux aux tesselles en pâte de verre ou en morceaux de faïence et respecte les méthodes originales d'application que pratiquaient les Romains.

Le principe de la mosaïque authentique est d'obtenir un effet naturel, organique et apparemment fluide en posant les tesselles à la main. L'atelier de Stephen Clive respecte ces consignes et utilise le plus souvent possible les larges dalles de smalt en provenance directe de Venise, tout en copiant et en adaptant des motifs historiques originaux. Son œuvre recouvre une vaste gamme, des reproductions en fac-similé aux œuvres uniques et nouvelles comme le coffret en acier incrusté illustré ici, en passant par des interprétations et des adaptations. Stephen Clive n'hésite pas à emprunter également à des sources plus récentes, ses goûts éclectiques portant aussi bien sur les livres de motifs du XIXe siècle, l'art islamique ou l'œuvre des designers du XXe siècle. Toutes les œuvres de Clive, des grottes (voir p. 94-95) aux bijoux, témoignent de sa volonté de réaliser une mosaïque décorative simple, libérée des détails et des concepts inutiles ; il évite même de jointoyer, préférant des lignes de pose bien visibles et non modifiées.

Les tesselles présentées ici sont le choix de Clive, si vous ne pouvez pas vous les procurer, utilisez de la pâte de verre (mais la texture obtenue sera moins intéressante).

Ce superbe coffret orné d'une pieuvre (à gauche) offre une débauche de smalts vénitiens aux riches couleurs fortes, qui lui donnent une surface irrégulière et réfléchissante.

Comme le couvercle de la boîte ne représente pas la pieuvre tout entière, le dessin paraît presque abstrait, le corps de l'animal étant constitué de verts et de bruns, de violet, de noir, de gris et même d'écarlate.

Ce détail (ci-dessus) du devant du coffret montre l'importance des lignes de pose quand les smalts ne sont pas jointoyés *(voir p. 20-21).*

1

2

Fournitures
Boîte ou coffret en métal, de 30 x 20 x 20 cm environ
Colle résine époxy
Sable
Marbre coupé ou non coupé
Smalts coupés ou non coupés
Ciment blanc
Chaux
Acide chlorhydrique

Outils
Petit bol à mélanger
Spatule
Passoire
Règle ou mètre-ruban
Stylo-feutre
Papier-calque
Ciseaux
Marteline et bigorne
Stylo à encre
Gants de caoutchouc
Brosse à dents

1. Mélangez dans un petit bol de la résine époxy selon les proportions indiquées sur l'emballage : généralement cinq mesures de résine pour une de durcisseur. Appliquez ce mélange sur un côté de la boîte, en l'étalant à la spatule en une couche mince et régulière, puis saupoudrez de sable avec la passoire pour recouvrir complètement la résine. Secouez le sable en excès et répétez le processus sur chaque côté.

2. Marquez les dimensions des cinq côtés de la boîte sur du papier-calque. Choisissez un motif qui puisse se prolonger sur tous les côtés (voir p. 112-123) et dessinez ses lignes principales. Découpez et posez le motif sur la boîte pour vérifier qu'il convient sous tous les angles.

3. Dans un petit bol, mélangez ciment blanc, chaux et sable (une mesure de chaque) avec de l'eau jusqu'à obtention d'une consistance de beurre mou, en quantité suffisante pour recouvrir un côté de la boîte. Appliquez à la spatule et lissez en affleurant le rebord.

4. Passez à l'encre la partie correspondante du motif sur calque et appuyez-la sur la surface pour laisser une impression du dessin sur le ciment humide.

5. Taillez assez de tesselles pour recouvrir un côté de la boîte (vous pouvez les casser à l'avance). Stephen emploie des blocs de marbre et des smalts non taillés, cassés avec la marteline et la bigorne, en morceaux de taille et d'épaisseur à peu près égales (voir p. 12-13), mais, vous pouvez aussi utiliser des smalts ou du marbre précoupés ou des tesselles en pâte de verre faciles à couper avec une pince à tailler. Quand on coupe une dalle de marbre, on utilise en

3

4

mosaïque la surface non polie (ou intérieur).

En travaillant du bord vers l'intérieur, faites pénétrer les tesselles dans le ciment en appuyant fermement avec vos doigts, en suivant le dessin à l'encre. Procédez de même sur les autres côtés jusqu'à recouvrir complètement la boîte. Laissez sécher deux ou trois jours puis, en vous protégeant avec des gants de caoutchouc, frottez la surface à l'aide d'une brosse à dents et essuyez-la avec une solution très diluée d'acide chlorhydrique (voir p. 14-15) pour enlever toute trace de ciment.

5

BIJOUX

Depuis des siècles, pierres précieuses et pierres fines sont utilisées dans les œuvres en mosaïque en raison de l'affinité naturelle qui existe entre la mosaïque et les bijoux. Les techniques sont également complémentaires, pierres et tesselles étant ensemble incrustées dans une base pour former une surface décorative reflétant la lumière. La principale différence entre l'art du joaillier et celui du mosaïste réside donc seulement dans la taille des œuvres et l'emploi, dans le premier cas, de métaux précieux. Dans l'un de ses chefs-d'œuvre les plus complexes, l'*Œuf impérial en mosaïque*, de 1914, le grand joaillier russe Fabergé réussit une remarquable fusion de ces deux formes d'art, en incrustant de minuscules tesselles de pierres précieuses dans un filigrane de métal exceptionnellement fin.

Depuis la fin de l'ère victorienne, l'explosion du bijou a incité les joailliers à utiliser des matériaux non traditionnels et non précieux, colle, plastique, mastic, peinture, papier, verre et métaux ordinaires, ce qui a fait de la mosaïque le procédé parfait pour la bijouterie. Avec des matériaux peu coûteux et en peu de temps, même un débutant peut créer des objets originaux qui possèdent toute la séduction et tout l'éclat de vrais bijoux. En fait, boucles d'oreilles, broches, colliers et même bagues en mosaïque sont parfois plus spectaculaires et plus amusants à porter que des « vrais », limités par la taille des pierres et les conventions de sertissage.

Pour créer des bijoux en mosaïque, il faut posséder une certaine dextérité et savoir contrôler le poids et l'équilibre de l'objet, mais la clé de la réussite dans ce domaine reste l'imagination et la capacité de donner à chaque pièce caractère et charme.

Ce collier-chameau d'Andrew Logan (ci-contre à gauche) est en fait une petite sculpture suspendue à une chaîne. Des éclats de miroir irréguliers créent sur le corps de l'animal une peau scintillante presque reptilienne, formant contraste avec la texture et la couleur du fardeau de fausses pierres.

L'étonnante collection de bijoux de Ray Halsall (à gauche) montre combien l'esprit, l'imagination et l'habileté peuvent produire de merveilles (voir aussi p. 52-53). Miroir, fausses pierres et paillettes sont les principaux matériaux de Halsall, mais ils revêtent des aspects très différents au sein d'un répertoire incroyablement varié qui va de la boucle d'oreille-bouton relativement discrète aux extravagants colliers qui sont eux-mêmes formés de plusieurs éléments en mosaïque.

Le Chien en papier mâché de Julie Arkell (ci-dessus) est un bâtard en mosaïque à base de faïence brisée, de verre coloré, d'éclats de miroir, de fausses pierres et de perles. Sa forme naïve, aplatie en deux dimensions, lui donne un aspect débonnaire mais en fait aussi une surface plus facile à décorer. Le support de papier mâché est totalement caché par une épaisse couche régulière de peinture dorée.

BOUCLES D'OREILLES SCINTILLANTES

Les créations de Ray Halsall ne sont pas destinées aux femmes pudiques et réservées. Créées avec des morceaux de miroir, de fausses pierres et des paillettes, elles sont un mélange Arts déco, punk et style des années 90, évoquant la décadence et l'hédonisme de nuits folles. A réserver aux sybarites aux passions fortes et aux instincts débridés, aux types baudelairiens avides de luxe et d'exotisme.

Les pendants d'oreille « néo-Arts déco » dont il est question ici, parfait mélange des styles 1930 et 1900, associent à la fois l'éclat du miroir et la fantaisie d'une fabrication artisanale.

Bien qu'elles soient vite et facilement réalisables avec des matériaux sans valeur, ces boucles d'oreilles sont à la fois distinguées et habillées. Elles suffisent à transformer la fameuse « petite robe noire » en robe du soir, en rendant hommage à Hollywood et en même temps aux fabuleux excès de Glam Rock ; mais ces bijoux ne sont pas pour autant vulgaires, loin de là ; leur qualité artisanale unique leur donne une délicatesse et une sensibilité très éloignées du clinquant impersonnel et lisse des faux bijoux de série.

Ces pendants d'oreilles ne sont qu'un exemple des nombreuses sortes de bijoux réalisables grâce à la technique polyvalente de Halsall. Avec les matériaux appropriés, il est tout aussi facile de créer broches, colliers et bagues.

Fournitures

Papier blanc uni
Rhodoïd
Miroir
Deux fausses pierres rouges
Métal synthétique et durcisseur
Paillettes fines
Fil de fer moyen

Outils

Stylo-feutre
Scalpel
Coupe-verre
Pince plate ou pince à tailler
Bâtonnet pour mélanger
Brosse à dents

1

1. Dessinez les lignes principales des boucles d'oreilles sur une feuille de papier. Avec une roulette à diamant et/ou une pince coupante ou à tailler, découpez un miroir ordinaire en triangles de la taille des « pendants » des boucles d'oreilles. Découpez aussi de longues bandes en miroir que vous découperez ensuite en petits carrés.

Façonnez les triangles en forme de goutte, en rognant les deux angles inférieurs pour les arrondir, et découpez la forme obtenue en six pièces irrégulières environ. Pour la partie ronde des boucles d'oreilles, rognez les petits carrés de façon à former de petits triangles à pointe aplatie et disposez-les en cercles autour de la fausse pierre rouge.

3. En travaillant toujours sur une seule forme à la fois, faites un nouveau mélange de métal synthétique et appliquez-le sur l'envers de la forme. Enfoncez une boucle pour oreilles percées au centre de chaque partie ronde et incrustez de petites boucles en fil de fer dans les quatre formes pour relier la partie ronde et la goutte de chaque boucle d'oreille. Mouillez légèrement votre doigt et étirez le métal synthétique encore malléable par-dessus ces boucles pour les maintenir. Vous pouvez alors appliquer des paillettes sur la surface comme dans l'étape 2. Quand l'ensemble est sec, nettoyez-le avec une brosse à dents douce.

3

2

2. Dessinez à nouveau les contours sur une deuxième feuille de papier que vous recouvrirez ensuite d'une fine feuille de Rhodoïd. Mélangez le métal synthétique avec le durcisseur dans les proportions indiquées par le fabricant et appliquez en une couche très épaisse sur le Rhodoïd en suivant les lignes de l'une des « gouttes ». Le métal sèche si rapidement qu'on ne peut aborder qu'une seule forme à la fois. (Procédez de même pour chacune des quatre formes.) A l'aide d'un scalpel, transférez rapidement les éclats de miroir du papier sur la surface du métal synthétique et enfoncez-les légèrement. Lorsque chaque forme est terminée, enfoncez-la dans un petit tas de fines paillettes et laissez-la environ trente secondes. Secouez les paillettes en excès, appuyez sur celles qui sont mal collées et rectifiez le bord de la forme si nécessaire, en glissant la lame du scalpel contre le métal synthétique. Séparez la forme du Rhodoïd.

BROCHE PAPILLON DIAPHANE

Les boucles en miroir (voir p. 52-53), ainsi que cette broche montrent que la mosaïque convient parfaitement aux petits objets délicats, elle est aujourd'hui un procédé très populaire en bijouterie.

Tessa Hunkin de Mosaic Workshop (voir aussi p. 28, 42-43 et 74-75) est fascinée par les insectes, qui, avec leurs formes naturellement décoratives et leur taille réduite, constituent de parfaits sujets pour les broches. Ces très petites réalisations ont tout l'éclat de bijoux précieux mais sont fabriquées avec de simples tesselles de verre. La magie réside dans la découpe des tesselles en formes minuscules et intriquées ainsi que dans leur disposition, les interstices devant ressembler à de fines veines. Le travail demande de la dextérité et de la pratique mais la technique est très simple et vite assimilée. Aidez-vous d'une pince à épiler pour manipuler les petits morceaux.

1

2

Pour réaliser une œuvre en mosaïque de petites dimensions, il est important d'avoir une idée claire de l'impact graphique du motif, qui doit rester aussi net et simple que possible. La broche papillon de Tessa Hunkin (ci-dessus) paraît complexe et détaillée, mais est en fait fortement structurée et rigoureusement limitée à des couleurs de base et des formes symétriques simples.

Fournitures
Papier kraft
Ruban adhésif double face (facultatif)
Feuille d'argent ou d'aluminium
Tesselles en pâte de verre et argentées
Colle résine époxy
Ciment-joint
Épingle à broche

Outils
Crayon et feutre
Règle
Ciseaux
Pince à tailler
Chiffon non pelucheux

1. Choisissez la taille de votre support et dessinez-le sur un petit morceau de papier kraft. Dessinez ensuite clairement les lignes de base du motif, et, si vous préférez coller les tesselles plutôt que de les laisser libres, recouvrez le motif terminé d'un ruban adhésif double face. Avec des ciseaux, coupez le support dans

3

la feuille d'argent ou d'aluminium et mettez-le de côté.

2. Commencez ensuite à couper les tesselles selon les formes exigées par le motif, en les retouchant délicatement avec la pince à tailler (voir p. 17). Pour les ailes, il vous sera plus facile de les couper en un seul morceau puis de les casser pour obtenir l'effet de veinage. L'échelle étant très réduite, il est sage d'avoir sous la main plus de tesselles que nécessaire. Après avoir coupé chaque morceau, posez-le sur le motif, en le collant éventuellement sur le ruban double face. Composez lentement le motif de cette façon, sans vous inquiéter de savoir si vous devez retirer un morceau pour modifier sa forme. Notez que les tesselles argentées sont utilisées côté argenté vers le haut.

3. Quand toutes les pièces sont découpées, retirez le support protecteur de la feuille d'argent ou d'aluminium, assurez-vous que celle-ci est parfaitement plane et enduisez le côté mat de résine époxy. En partant des bords de la mosaïque, retirez les tesselles du papier kraft, une à une, et posez-les sur l'emplacement équivalent, sur la feuille d'argent ou d'aluminium. Tant que la colle est fraîche, vous pouvez les bouger légèrement pour obtenir un motif parfait. Laissez sécher une heure, puis jointoyez comme pour un objet plus grand (voir p. 17). Assurez-vous que la surface est parfaitement propre avant de laisser sécher encore une heure. Pour finir, fixez l'épingle à broche avec de la résine époxy.

INTÉRIEURS

SOLS

MURS

SALLES DE BAINS

CUISINES

Tout intérieur qui comporte une décoration en mosaïque est unique, et c'est ce qui en fait un élément si recherché pour nos maisons et nos édifices publics. En outre, les tesselles de pierre et de céramique forment des sols et des murs pratiques et inusables, et de belles surfaces étanches. Au contraire de beaucoup de créations artistiques, la mosaïque est à la fois fonctionnelle et ornementale, animant des espaces tristes avec une débauche de couleurs, de motifs et de rythmes qui transforment une pièce tout entière.

La cage d'escalier de cette maison moderne est prétexte à un décor angulaire éclatant, qui prend la forme des motifs de mosaïque géométriques des carrelages mauresques. Le sol et la rampe en mosaïque font partie d'un thème général, qui montre graphiquement combien le matériau peut être polyvalent et complémentaire.

INTÉRIEURS

Depuis des milliers d'années, la mosaïque est utilisée à l'intérieur comme revêtement de sol et de murs, et constitue l'un des plus solides et des plus polyvalents. Elle convient à presque tous les espaces, adhère à la plupart des surfaces, résiste aux taches, est isolante, inusable, et ses couleurs fanent rarement. Les tesselles peuvent être disposées de façon régulière et rectiligne ou suivre un schéma original asymétrique et former un dessin purement décoratif qui peut être figuratif, avec éventuellement une référence thématique à la fonction de la pièce. Mais surtout la mosaïque personnalise un intérieur en établissant un marquage visuel, si réduit soit-il.

Il n'existe heureusement aucune règle ou convention esthétique en mosaïque. Le procédé est si particulier et si polyvalent qu'il s'exclut lui-même des conventions du goût et s'impose dans une très large gamme d'éléments d'intérieur : alcôves, cheminées, cimaises, bordures, paliers, âtres, surfaces de travail, « tapis » et bordures de sols.

Toutefois, la mosaïque possède un tel impact visuel qu'il faut veiller à ce qu'elle n'étouffe pas les autres caractéristiques de la pièce. Pour cela, il faut soit introduire plusieurs éléments en mosaïque reliés entre eux et qui équilibreront l'effet général, soit coordonner la mosaïque aux autres objets par les couleurs et les formes.

La lumière, naturelle ou artificielle, a aussi une grande importance. Un décor mural en mosaïque, à côté d'une fenêtre ensoleillée, doit comporter de nombreux contrastes de couleur pour ne pas disparaître dans le contre-jour ; il est aussi parfois conseillé d'adoucir et de diffuser la lumière qui frappe un sol en

Une cheminée ordinaire (ci-dessus à gauche) devient un pôle d'attraction pour le regard lorsqu'elle est revêtue d'un patchwork débridé de morceaux de faïence.

Un dessin régulier, géométrique et répétitif (ci-dessus) recouvre une grande partie du mur, en un décor spectaculaire mais qui n'écrase pas l'ensemble.

Ce carrelage excentrique (ci-dessous) est moderne tout en rappelant le style des années 50, ainsi que la chaise et la table qui l'accompagnent. Si les meubles sont choisis judicieusement, comme ici, ils s'harmoniseront avec la mosaïque.

pierre aux couleurs chaudes (voir p. 61) ou au contraire de projeter une lumière vive sur un élément dont la texture est particulièrement intéressante. Essayez d'éviter les sources centrales de lumière, qui ont tendance à « effacer » la mosaïque, ainsi que les éclairages au néon, qui feront disparaître les nuances délicates. Rappelez-vous aussi que les ampoules colorées peuvent aussi bien rehausser un décor que le déprécier, essayez différentes teintes pour trouver celle qui convient le mieux. Une ampoule au tungstène classique jette une chaude lumière jaune, et les lampes halogènes donnent des couleurs plus froides.

Le sol ci-dessous associe différents types de tesselles, presque à la manière d'un collage textile. Les lignes de pose souples donnent du mouvement en formant une spirale déterminée par une série de petites tesselles rondes et blanches. Les concepts du cubisme synthétique ont peut-être inspiré l'utilisation des numéros de porte en céramique (on en aperçoit un tout à fait à gauche).

Ce mur (à droite) entièrement incrusté de coquillages doit beaucoup aux traditions des grottes (voir p. 94-95). Les coquillages constituent des motifs de bordure autour des éléments et assurent un remplissage uniforme, ponctué par un schéma régulier de coquilles plus grandes. Le miroir et la chaise sont coordonnés au décor, le premier étoilé par endroits et arrondi, la seconde en forme de coquille.

Le sol en marbre néo-romain ci-contre est constitué en grande partie d'opus tessellatum (voir p. 20-21), et réalisé grâce à la méthode indirecte (voir p. 18-20), comme on peut le voir dans les « coutures » entre les diverses parties. L'ensemble est cependant homogène, unifié par la texture de la pierre et ses couleurs chaudes et feutrées.

Il existe autant de possibilités de décors en mosaïque que d'intérieurs. Il est bon cependant de se rappeler que le dessin choisi ne doit être ni trop fantaisiste ni susceptible de dater rapidement. Assurez-vous qu'il est proportionné aux dimensions de l'ensemble. Utilisez des matériaux compatibles avec la fonction et l'aspect de la pièce, en tenant compte de la texture des tesselles et de leur aptitude à réfléchir la lumière. Dites-vous que le décor subira certainement des modifications au cours des années et pensez à la lumière. Hormis ces contraintes, donnez libre cours à votre fantaisie dans votre utilisation de la mosaïque pour créer une pièce unique et personnelle.

SOLS

Les Romains, passés maîtres dans la pose des sols en mosaïque exploitèrent toute la gamme de décors possibles, des dessins à petite échelle destinés aux sols des maisons aux immenses mosaïques de pavement des espaces publics. Ils créèrent un vaste répertoire de motifs géométriques de bordure et de remplissage, associés aux *emblemata*, panneaux figuratifs (voir p. 8).

Les modèles fournis par ces exemples sont si nombreux et si variés que l'influence romaine s'est fait sentir en matière de décoration des sols pendant des siècles. Le sol, élément permanent et essentiel d'une pièce est généralement plus classique que les autres surfaces – bien qu'on trouve des exceptions remarquables à cette tendance générale (voir p. 71-72) –, et le passé romain offre une multitude de choix esthétiques parfaitement éprouvés.

Mais, quel que soit leur décor, tous les sols doivent être résistants et la plupart absolument lisses, objectifs pratiques que l'on obtient plus facilement avec la méthode indirecte (voir p. 18-19), qui permet aussi une meilleure adhérence des tesselles.

Le panneau de sol ci-dessous à gauche est l'un des soixante et un panneaux à thème que Noris Anrep conçut pour la National Gallery, à Londres, entre 1928 et 1952. Il pensait qu'une relation particulière se crée entre le sol en mosaïque et le spectateur par le simple fait que ce dernier s'y déplace.

Cette copie d'un sol romain de Paris Ceramics (ci-dessous) offre un motif répétitif de base en quatre éléments, interrompu par une simple bordure linéaire. La régularité du dessin est adoucie par les coloris délicatement nuancés.

Ce sol de salle de bains (à droite) offre un décor de grandes tesselles, disposées de façon à rappeler les lignes de pose des mosaïques de sol romaines. Comme il convient à la fonction de la pièce, le mosaïste a recréé sous ses pieds un monde sous-marin. Cependant, malgré les motifs organiques, ce sol est ancré par une forte structure rectiligne.

ÉLÉGANTE BORDURE DE SOL EN GRECQUE

Cette petite véranda de maison citadine se distingue par une élégante bordure de sol en mosaïque due à Paris Ceramics, reprenant le motif classique de la « grecque ». Avec ses tesselles de marbre mat bleu-vert et crème, elle complète à la perfection les dalles calcaires qui composent le sol et qui elles non plus ne sont pas vernissées, pour rappeler la texture de la mosaïque. Ce genre de bordure simple et élégante peut convenir à toutes les pièces de la maison mais convient particulièrement pour les couloirs et les vérandas, où elle confère une certaine importance au sol de pierre.

Poser à la main un motif répétitif aussi étendu est possible mais long et souvent ingrat. Avec ce genre de mosaïque, il est préférable d'acheter des tesselles préparées sur des bandes de Nylon ou de fibre de verre. Vous pourrez recourir sans remords à ce « raccourci » ; vous vous apercevrez qu'il vous faudra quand même beaucoup d'habileté pour adapter le motif à l'espace commencé et pour poser les bandes elles-mêmes. Si vous êtes rebelle à ce genre de travail complexe et répétitif, mais que vous aimiez la mosaïque et les effets qu'elle peut créer, ces bandes toutes faites constituent la bonne solution.

Cette bordure en mosaïque se suffit à elle-même comme élément décoratif de cette petite véranda (à droite). Sa régularité classique crée une ambiance claire et légère, riche sans ostentation.

Fournitures

Bandes de bordure en mosaïque
Imperméabilisant anti-taches
Ciment
Sable liant
Ciment-colle pour carrelage
Ciment-joint
Sable blanc

Outils

Couteau stanley
Marteau et ciseau à bois ou marteline et bigorne
Truelle
Tasseau plat pour lisser
Chiffon non pelucheux

1. Posez et imperméabilisez la partie centrale du sol, en vous assurant que les bord adjacents à la bordure en mosaïque sont propres et bien droits ; ici, des bandes de laiton ont été collées aux pierres calcaires avec du mastic spécial marbre. Si vous réalisez vous-même la mosaïque, collez chaque tesselle avec de la colle époxy, face vers le haut, sur une toile forte en Nylon souple, puis laissez sécher complètement.
A partir des angles de la pièce, travaillez bande par bande, en mesurant l'espace donné puis en adaptant chaque bande à la longueur. Posez ainsi toute la bordure sans la coller ; si le bord extérieur n'est pas exactement perpendiculaire au mur, remplissez l'espace vide avec quelques tesselles coupées au marteau et au ciseau à bois.
Si la longueur ne correspond pas à un nombre exact de bandes, trichez avec le motif, en enlevant et en replaçant des tesselles aux endroits voulus avec du mastic à marbre.

2. Repoussez délicatement les bandes sur le côté et passez une couche d'imperméabilisant sur leur surface. Mélangez le ciment (voir p. 19), pur ou mélangé avec du sable liant (jusqu'à un maximum de 50 %). Étalez largement avec une truelle sur la surface formant la bordure. Puis, avec un tasseau plat (de la largeur de la bordure et de l'épaisseur des tesselles), aplanissez la surface. Laissez sécher pendant 24 heures.

3. Appliquez un ciment-colle pour carrelage sur le ciment, sur une épaisseur de 5 mm. Avec une truelle propre, enfoncez les bandes dans cette base. Terminez la bordure, en recollant au mastic les tesselles que vous avez éventuellement ajoutées. Avec un chiffon légèrement humide, retirez l'excès de ciment-colle et laissez sécher 24 heures avant de jointoyer (voir p. 17). Ici, on a ajouté du sable blanc au ciment-joint pour modifier sa couleur. Terminez en polissant avec un chiffon non pelucheux et imperméabilisez la mosaïque pour la seconde fois.

1

2

3

MURS

Les murs constituent un parfait support pour la mosaïque, que l'on peut appliquer dans ce cas par la méthode directe ou indirecte (voir p. 16-17 et 18-19). Dans le premier cas, le processus diffère peu de la pose de carrelage ordinaire, mais la seconde méthode est préférable quand il s'agit de recouvrir de grandes surfaces avec des tesselles uniformes. Achetées en plaques sur une feuille support, elles permettent de créer de vigoureux effets dynamiques.

Les soubassements en mosaïque sont particulièrement pratiques dans les cuisines ou les salles de bains, et les motifs les plus simples donnent parfois les effets les plus plaisants.

Ce témoignage d'amour mutuel, qui s'affirme graphiquement de manière saisissante, est d'une réalisation très simple. Le fond en mosaïque noire est acheté tout fait en plaques, ce qui évite de poser les tesselles une par une. Plusieurs tesselles ont été ensuite retirées et remplacées par les tesselles blanches qui forment le motif.

Cette salle de bains de style méditerranéen présente des carreaux en pâte de verre à hauteur de soubassement, posés individuellement et qui rendent la surface légèrement irrégulière. L'effet, recherché sciemment pour faire écho à la texture rugueuse et marbrée du mur, est rehaussé par le jointoiement épais, non coloré qui souligne les irrégularités.

On peut aussi abandonner les motifs tout faits et décorer le mur avec des tesselles disposées au hasard et appliquées directement, éclats de céramiques ou autres matériaux, tels que coquillages, pierres, miroir ou objets en plastique, encastrés à la manière d'un puzzle pour créer une surface unique et originale.

Dans cette salle de bains exotique règne une atmosphère moyen-orientale, créée par le moucharabieh et la cimaise en mosaïque. Une simble bordure ondulée, rendue ici plus complexe par les nuances et les lignes de pose des tesselles du fond, forme un élément décoratif vigoureux mais délicat, s'harmonisant parfaitement avec le dessus de table en marbre.

Un fond uniforme en mosaïque bleue met en valeur cette décoration opulente mais contrôlée. Les bordures rectilignes, très simples, d'inpiration classique, font ressortir le motif central : un centaure doré dressé.

En haut : Les carreaux muraux en mosaïque de Cleo Mussi confèrent charme et caractère à toute cuisine ou salle de bains.

PLAQUE MURALE EXOTIQUE

Matériaux
Papier-calque
Papier uni
Panneau d'aggloméré ou de contreplaqué, de 50 x 33 cm environ
Bouche-pores imperméabilisant pour bois
Faïence cassée
Ciment-colle à carrelage
Ciment-joint
Gouache ou peinture acrylique
Pattes de fixation

Outils
Crayons, peintures et pinceaux
Pince à tailler
Spatule flexible pour remplissage
Gants de caoutchouc
Brosse à ongles
Masque à poussière

Cette plaque murale surmontée par une ogive abritant un soleil s'inspire de l'architecture de l'Islam et des étoffes indiennes. Elle a été créée par Cleo Mussi (voir aussi p. 102-103), autrefois designer en textile, et s'appuie sur une structure classique. Cleo Mussi emploie exclusivement des morceaux de faïence, mais, en raison du style et de la technique, la plaque paraît incrustée de pierres précieuses.

L'effet en dents de scie qui caractérise l'agencement de cette plaque de faïence vernissée (ci-dessus) lui donne une plaisante texture rugueuse, en harmonie avec son dessin vigoureux et original.

1

2

3

1. Dessinez ou peignez votre motif grandeur nature, avec tous les détails nécessaires et en gardant présentes à l'esprit les couleurs dominantes des morceaux de faïence disponibles. Décalquez ensuite les principaux éléments formant la structure, le tracé devant être le plus simple possible.

2. Coupez un panneau d'aggloméré ou de contreplaqué de la même dimension que le calque. Passez une couche de bouche-pores et transférez le dessin décalqué sur la surface. En coupant les formes avec la pince à tailler, commencez par enduire les tesselles de ciment-colle avec la spatule souple. Remplissez, après avoir posé toutes les lignes formant la structure. Lorsque c'est possible, composez le pourtour avec des tesselles coupées dans des morceaux de faïence comportant un rebord. Quand la surface entière est recouverte, y compris le pourtour, laissez sécher la plaque 24 heures.

3. Mettez des gants de caoutchouc et jointoyez de la manière habituelle (voir p. 17), en ajoutant de la gouache ou de la peinture acrylique si nécessaire (voir p. 14-15). En vous protégeant avec un masque à poussière, enlevez ensuite le ciment-joint de la surface en le brossant vigoureusement avec une brosse à ongles et laissez sécher encore 24 heures.

SALLES DE BAINS

Si la mosaïque est bien jointoyée, elle est aussi pratique qu'un carrelage dans une salle de bains ou une salle d'eau, et on peut la poser avec un égal bonheur sur les murs, les sols ou toute autre surface. Ces pièces, en fait, avec leurs fonctions bien définies, autorisent une débauche de mosaïque ; justifiée par son côté pratique, elle peut habiller de très grandes surfaces, véritables fresques en céramique. A l'inverse, on peut l'utiliser pour de petits détails qui ressortiront d'autant mieux que ces pièces sont habituellement peu meublées.

Il est rare de trouver des objets en mosaïque dans les salles de bains, où la mosaïque fait déjà partie intégrante du décor. C'est pourquoi la présence de détails en mosaïque dans ces pièces décuple l'effet produit par les murs et les sols.

Bien que les salles de bains soient essentiellement fonctionnelles, elles laissent le champ libre à notre créativité, car elles constituent l'environnement parfait pour un décor insolite ou fantastique, que l'on pourra admirer tout en se relaxant dans un bain parfumé. Les décors à thème s'imposent souvent et, pour des raisons évidentes, les sujets marins plus que tout autre. Rien n'empêche de se livrer à ses fantasmes (comme le montre la salle de bains « cosmique » page ci-contre) ou de recréer en la matière les styles du passé, romain ou édouardien, époques riches d'éléments décoratifs que l'on peut parfaitement adapter à ces temples modernes de la propreté.

Un petit élément en mosaïque, comme cette élégante cuvette (à gauche), peut suffire à relever un décor de salle de bains relativement ordinaire. Ici les couleurs et les motifs de l'objet sont prolongés sur la surface, mais la cuvette est si parfaite et si jolie qu'elle rendrait le même effet sur une surface ordinaire. Le dessin est simple, fortement structuré et réalisé dans une gamme limitée de couleurs harmonieuses. Avec un objet fonctionnel de ce genre, il est indispensable que les tesselles soient bien collées sur la base et que le ciment-joint soit imperméable (voir p. 14-15). Pour répondre aux règles de l'hygiène, ces tesselles doivent être aussi planes que possible, et le ciment-joint doit être étalé uniformément dans tous les interstices. Nettoyez avec un nettoyant-crème non abrasif et désinfectez régulièrement.

Cette exubérante salle d'eau (à droite) est à la fois séduisante et pratique. Elle est décorée de carreaux de faïence cassés en grands morceaux, avec la technique du puzzle, et sa texture en staccato est appropriée aux motifs « cosmiques », rythmés et stylisés. A première vue, elle ressemble un peu à une œuvre de Miró, impression accentuée par la courbe du bord de la mosaïque qui monte à l'assaut du mur. Ce décor est, là encore, aussi fonctionnel qu'ornemental puisqu'il offre un espace-douche parfaitement étanche qui s'étend du sol au plafond.

Les éléments d'une salle de bains étant fixés de façon définitive, la décoration en mosaïque ne doit pas être réalisée à la légère. Si vous n'hésitez pas à recouvrir une petite surface bien délimitée, il est probable que vous reculerez devant l'idée d'avoir à habiller une pièce entière. Il sera alors préférable d'accepter la collaboration d'un mosaïste professionnel ou d'un carreleur. Vous pouvez demander au premier de créer le motif général (en fait, il risque de vous l'imposer), mais vous ne pourrez rien attendre de tel du second. Que vous travailliez avec l'un ou l'autre, vous devez toujours garder à l'esprit votre propre idée de décor et de préférence en tracer le motif sur papier. Celui-ci sera peut-être modifié au cours de votre entretien préalable avec le spécialiste, mais permettra d'établir les paramètres qui définiront l'œuvre selon votre choix. Quoi qu'il en soit, demandez au mosaïste professionnel de vous montrer un portfolio de ses œuvres.

Cette salle d'eau australienne offre un sol-paysage fantastique composé d'éléments marins abstraits, dont une hydre, quelques créatures marines nageant et un œil surréaliste. Il est divisé, par un « récif » bleu-noir, en deux domaines de couleurs différentes qui structurent cette composition étonnante et originale.

La mosaïque est utilisée ici avec parcimonie, dans un décor feutré qui rappelle les associations de couleurs de Pompéi. L'effet général est extrêmement harmonieux, les différents éléments étant soigneusement coordonnés ; la couleur du mur est reprise par la bordure en mosaïque et le carrelage blanc uni, animé par les coquillages et l'étoile de mer.

Le caractère artistique de la mosaïque ne doit pas en faire oublier l'aspect pratique. Étudiez l'état de la pièce et vérifiez si le plâtre du mur peut supporter le poids de l'habillage en céramique. Vérifiez aussi qu'aucune humidité ne risque d'être enfermée sous la mosaïque. La pièce doit être bien ventilée et l'évacuation de l'eau suffisante, la vapeur et l'humidité excessives provoquant des moisissures, et l'eau résiduelle pouvant détériorer la mosaïque.

Pensez aussi à la façon dont les autres éléments vont s'intégrer dans le décor et, selon les matériaux retenus pour la mosaïque, choisissez les ciments et ciments-joints les plus appropriés et les plus durables. Vous pouvez même faire quelques essais pour vérifier si une surface est assez lisse, par exemple (indispensable pour une salle d'eau), ou d'autres points importants. Les joints en ciment blanc noircissent et se creusent avec le temps, et il vaut peut-être mieux réaliser des joints colorés ou serrer la mosaïque au maximum.

Si vous avez l'intention d'inclure des éléments organiques dans votre décor, coquillages, pierres ou étoiles de mer, nettoyez-les et désinfectez-les d'abord, séchez-les soigneusement et placez-les là où ils ne risquent pas d'être endommagés ou de provoquer des accidents.

Si vous envisagez de déménager plus tard, pensez à vos successeurs, lesquels n'apprécieront peut-être pas votre décor excentrique, et réalisez ce dernier de manière qu'on puisse le retirer sans dommage pour les murs de la pièce. Un grand panneau fixé au-dessus de la baignoire ou d'une armoire de toilette est une solution possible. En fait, il est beaucoup plus facile de réaliser une plaque de protection murale (voir p. 76-77), sur une planche support vissée ensuite sur le mur pour qu'elle puisse être ôtée tout aussi facilement, que directement sur le mur lui-même. De même, un encadrement de miroir en mosaïque donnera de la personnalité à une salle de bains et sera aisément démonté pour décorer éventuellement votre nouveau logis.

Avec sa palette limitée de tesselles bleues, turquoise et vertes et un éclat de miroir occasionnel, cette étagère de salle de bains ressemble presque à une mer agitée, effet qui se prolonge dans la peinture kitsch en relief d'un bateau à vapeur.

PLAQUE À L'ÉTOILE DE MER

Tessa Hunkin, de Mosaic Workshop (voir aussi p. 28, 42-43 et 54-55), aime particulièrement les couleurs vibrantes de la pâte de verre. Le motif linéaire vigoureux de l'étoile de mer, peut personnaliser n'importe quelle salle de bains. L'œuvre est réalisée par la technique indirecte, le mosaïste posant les tesselles face vers le bas en travaillant sur l'envers de l'objet (voir p. 18-19).

1

Fournitures
Papier kraft
Carrelage de sol de 30 cm de côté
Colle vinylique
Tesselles de pâte de verre
Ciment-joint
Ciment-colle à prise rapide

Outils
Fusain
Ciseaux
Pinceau pour artiste
Pince à tailler
Gants de caoutchouc
Pot
Raclette
Eponge
Peigne à colle
Chiffon non pelucheux

1. Coupez un morceau de papier kraft de la dimension exacte du carreau de céramique. Avec du fusain, facile à rectifier, commencez à tracer sur le papier les lignes de base de votre motif. Marquez la largeur de la bordure en plaçant une rangée de tesselles sur chaque côté.

2. Choisissez les couleurs de la pâte de verre. Tessa Hunkin utilise ici quatre teintes distinctes, dont trois en deux nuances, procédé qui produit un effet chatoyant de « couleur texturée ». Sans la coller, posez un côté de la bordure sur le papier pour déterminer le nombre de tesselles nécessaires et leur espacement. Mélangez la colle

2

3

4

5

vinylique avec une quantité d'eau égale et appliquez sur le papier au pinceau. Collez trois côtés de la bordure en place, en vous rappelant de coller les tesselles face vers le bas. Remplissez ensuite le motif principal de l'étoile, avec des tesselles coupées en quatre (voir p. 17). Collez d'abord les contours, en retaillant les tesselles des extrémités en pointe. Quand l'étoile est terminée, remplissez le motif d'algue avec des morceaux coupés en deux. Posez ensuite les tesselles formant le fond, en retaillant celles qui s'insèrent dans les lignes courbes (voir p. 20-21). Terminez en complétant le quatrième côté de la bordure.

3. Posez le panneau sur un radiateur ou dans un endroit chaud pour le laisser sécher environ trente minutes avant de le jointoyer (voir p. 17), sans oublier de jointoyer sur l'envers de la mosaïque. Nettoyez la surface avec une éponge humide sans l'inonder et posez une planche sous le support en papier pour plus de rigidité.

4. Mettez des gants de caoutchouc et étalez sur la surface lisse du carreau de faïence une couche régulière de ciment-colle à prise rapide que vous rayerez avec un peigne à colle. Soulevez ensuite le carreau de faïence, côté ciment-colle vers le bas, et posez-le sur la mosaïque. Appuyez fermement pour bien le coller. Retournez le carreau de faïence pour que le support papier se trouve sur le dessus. Laissez ce « sandwich » de côté pendant une demi-heure.

5. Avec une éponge humide, mouillez abondamment le papier pour dissoudre la colle vinylique et retirez-le. Tamponnez la surface en mosaïque avec l'éponge pour retirer les restes éventuels de colle ou de ciment-joint et laissez la plaque sécher pendant deux heures si vous avez utilisé du ciment à prise rapide ou, dans le cas contraire, le temps recommandé par le fabricant. Jointoyez à nouveau le côté face de la mosaïque sans oublier le bord du « sandwich » mosaïque-carreau de faïence. Remplissez tous les interstices, essuyez avec une éponge humide et laissez sécher 30 minutes. Terminez en essuyant l'objet avec un chiffon non pelucheux.

DOSSERET DE LAVABO AU POISSON

La mosaïque peut former une belle surface étanche, parfaite pour les dosserets de lavabo ou d'évier. Autre exemple de l'œuvre vigoureuse de Martin Cheek (voir aussi l'échiquier p. 16 et les panneaux décoratifs p. 20-98-99), ce dosseret, réalisé par la méthode directe (voir p. 16-17), est composé principalement de pâte de verre. Les tesselles sont donc faciles à manipuler et permettent de créer une surface relativement lisse. La vigueur du décor (voir p. 20 et 21) et la sonorité des couleurs compensent toutefois l'uniformité de la texture.

Fournitures

Panneau d'aggloméré ou de contreplaqué (coupé aux dimensions)
Tesselles en pâte de verre
Morceaux de miroir
Colle vinylique
Ciment-joint résistant à l'eau

Outils

Fusain
Scie
Pince à tailler
Pattes de fixation
Vis et tournevis

1. Vérifiez que le panneau d'aggloméré ou de contreplaqué correspond bien aux mesures. Choisissez un motif approprié (voir p. 112-123), tracez ses lignes de base au fusain et rayez la planche à la scie. Étalez un choix de tesselles en pâte de verre sur le motif et déplacez-les pour former de plaisants contrastes ou harmonies, en vous rappelant que les couleurs ne doivent pas nécessairement être « plates », mais qu'elles peuvent être composées de plusieurs nuances. Les éclats de miroir seront utiles pour illuminer le fond.

2. Avec la pince à tailler, coupez en deux une certaine quantité de tesselles en pâte de verre (voir p. 17) et collez-les autour de la planche, sur la tranche, avec de la colle vinylique ; coupez d'autres tesselles en quatre pour réaliser une bordure formée de trois rangées.

3. Construisez peu à peu le motif, en coupant les tesselles en deux et en quatre et en les retaillant si nécessaire, pour les adapter aux diverses formes. Posez ensuite le fond, en rognant les tesselles qui bordent le motif et en posant des rangées rayonnantes reprenant la forme de ce dernier (voir p. 20-21). Terminez tout le panneau et laissez la colle sécher pendant une heure, puis jointoyez (voir p. 17) et laissez sécher 24 heures. Terminez en vissant les pattes de fixation sur l'envers du panneau (en les espaçant avec une rondelle si les tesselles dépassent) et fixez le dosseret au mur.

1

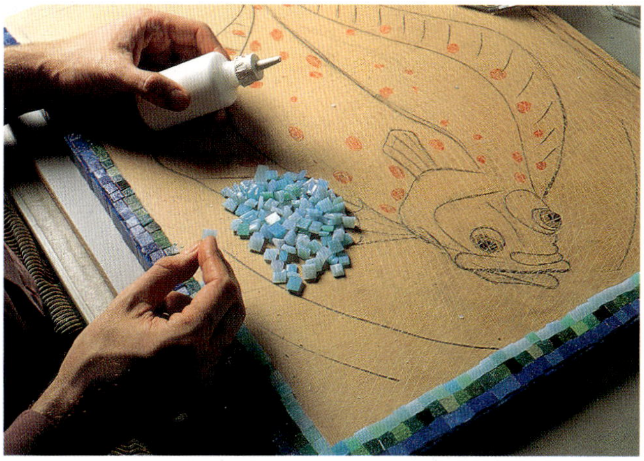

2

3

CUISINES

Pendant des siècles, la cuisine a été le cœur du foyer, mais c'est, hélas, rarement le cas dans nos maisons modernes. Les éléments standardisés ont progressivement envahi les habitations de tout style, faisant de cette pièce essentielle un laboratoire pratique mais sans âme, fonctionnel mais peu chaleureux. Or l'emploi de la mosaïque, même sur une petite échelle, ne peut que personnaliser et animer l'intérieur le plus aseptisé.

La mosaïque est, par nature, l'expression d'une créativité individuelle. Il est heureusement difficile de l'utiliser de façon standard, et c'est ce côté hors normes qui en fait un tel atout pour les décors de cuisine souvent prévisibles, l'équipement de base étant toujours le même : évier, cuisinière, réfrigérateur et plans de travail. L'introduction d'éléments originaux permet justement de détourner l'attention de ces objets utilitaires et sans intérêt esthétique.

La mosaïque n'en est pas moins pratique, et, comme elle est solide, facile à nettoyer et résistante à la chaleur, elle convient parfaitement pour les cuisines. Les tesselles en céramique sont les plus appropriées, et, si le jointoiement est lisse et solide, elles offrent tous les avantages des carreaux de faïence ordinaires. De plus, la mosaïque est merveilleusement polyvalente : elle recouvre aussi bien le bois, le métal et le plâtre et dissimule merveilleusement d'anciens et affligeants décors. Même les éléments de cuisine des années 60 et 70, sans intérêt esthétique, peuvent acquérir une certaine distinction si on leur applique un décor en mosaïque. Ces possibilités de rénovation sont particulièrement intéressantes quand on veut éviter une installation clas-

Une journée suffit pour créer cette petite étagère de cuisine (à gauche) qui pourra éventuellement être complétée par d'autres objets en mosaïque du même style. L'utilisation d'assiettes brisées est un raccourci efficace et sûr pour créer un effet visuel agréable.

La mosaïque a permis de transformer cette cuisine très ordinaire (à gauche) en un merveilleux espace, débauche de couleurs et de textures. On peut se rendre compte ici qu'il n'est pas indispensable de dépenser des sommes importantes pour être fier de sa cuisine. En effet, les placards sont en simple contreplaqué, l'évier est en acier inoxydable, et les éléments sont fabriqués artisanalement. La mosaïque, quand elle est constituée de morceaux de faïence cassée, est également peu coûteuse.

Le styliste, nettement inspiré par les couleurs et formes Arts-Déco, a laissé ouverte la façade des éléments muraux pour révéler une étonnante collection de faïences polychromes qui fait écho au décor de faïence mural et aux portes de placards revêtues de mosaïque, le premier en tesselles vertes et noires, les secondes en noir et jaune, associations disciplinées de couleurs rappelant les grands jours des Arts déco des années 20 et 30.
Ces couleurs coordonnées permettent d'unifier un décor complexe.

sique et banale et qu'il existe déjà des éléments inesthétiques mais trop utiles pour les supprimer.

Malgré la facilité avec laquelle la mosaïque trouve sa place dans la cuisine, il convient de réfléchir attentivement au dessin du décor que vous voulez créer, une rénovation inadéquate étant bien difficile à corriger. Sachez surtout contrôler votre gamme de couleurs en limitant votre palette à quelques teintes spécifiques et déterminer les surfaces qui seront recouvertes, au lieu de laisser la mosaïque s'étaler de manière non contrôlée sur toutes les surfaces, ce qui donnerait à votre pièce un aspect désordonné et nuirait surtout à son hygiène.

ÉTAGÈRE DE CUISINE KITSCH

Candace Bahouth possède un don extraordinaire pour créer des combinaisons inattendues de couleurs et de motifs qui, alors qu'ils devraient se heurter, se fondent en un style inspiré des années 50 qui lui est propre (voir aussi p. 40, 84 et 108-111). Son choix de faïences implique la présence de toutes sortes de motifs : ici, des tulipes et un tournesol créent un centre d'intérêt au milieu de l'étagère. Quelle que soit la qualité de la faïence d'origine, elle prend dans ce cadre un nouvel intérêt. La gamme de couleurs reste souple, les tons clairs et pastel constituent cependant un bon choix pour un décor de cuisine.

Fournitures

Etagère en bois
Bouche-pores
Carreaux de faïence
Morceaux de faïence cassée
Ciment-colle à carreaux de faïence
Ciment-joint
Gouache ou peinture acrylique

Outils

Perceuse
Marteau
Spatule en plastique
2 chiffons non pelucheux
Pince à tailler

1. Percez des trous dans l'étagère pour les vis et passez le bois au bouche-pores. Cassez au marteau les carreaux de faïence qui recouvriront le dessus de l'étagère et posez-les à la manière d'un puzzle, en les collant avec du ciment-colle étalé à la spatule en couche épaisse. Retirez la colle en excès avec un chiffon humide.

2. Commencez à appliquer la faïence brisée sur le dosseret, les côtés et les bords de l'étagère, en associant couleurs et motifs, pour créer un dessin dynamique. Taillez les morceaux aux formes requises à la pince à tailler et essayez de poser des formes lisses sur les bords. Laissez libres les trous des vis qui seront dissimulés plus tard par le ciment-joint. Quand l'étagère est complètement recouverte, laissez-la sécher 24 heures. Jointoyez de la manière habituelle (voir p. 17), en ajoutant de la gouache ou de la couleur acrylique si nécessaire (voir p. 14-15). Faites briller avec un chiffon humide et laissez sécher encore 24 heures.

1

2

EXTÉRIEURS

CHEMINS DE GALETS

GROTTES ET MURS DE JARDIN

VASQUES DE JARDIN

JEUX D'EAU

L'adjonction de quelques éléments appropriés en mosaïque peut transformer tous les jardins en petits paradis, même les plus ingrats et les plus ombragés. De simples pots, jardinières ou vasques suffisent souvent à créer une atmosphère plaisante et originale, et l'association de l'eau et de la mosaïque, sous de multiples formes, peut donner d'excellents résultats, comme on le voit autour des bassins, sur les fontaines et dans les piscines de luxe.

La véranda, comme la terrasse, est un endroit idéal pour réaliser un décor en mosaïque, incrusté dans un sol en pierre dure. Ici, un « aquarium » se détache sur un fond gris neutre et fait grimper ses couleurs vibrantes sur la colonne qui lui sert de pivot.

La fontaine exotique de Steven Sykes (à gauche) présente des tesselles aux couleurs vives et dorées, sous différentes formes : elles sont disposées au hasard des couleurs sur le fond, de façon nuancée en bordure, et figurent également le soleil du dosseret de la vasque inférieure.

La plaque murale de Cleo Mussi (ci-dessous), qui se détache sur un mur en pierres rugueuses, est ornée d'un soleil, motif approprié à son exposition face au sud.

Maggy Howarth est également une adoratrice du soleil, comme en témoigne cet étonnant soleil en galets, l'une de ses premières œuvres (ci-contre). Le dessin concentrique formé par les galets attire le regard vers le point central (voir aussi p. 90-93).

pose des problèmes spécifiques, en raison des nuances changeantes de l'environnement naturel et des jeux de lumière. Les teintes harmonieuses ou monochromes, comme celles des chemins de galets ou des tesselles en terre cuite, ne risquent pas de jurer, quel que soit le contexte, mais smalts rutilants, feuille d'or, éclats de miroir et céramiques aux couleurs vives ne sauraient rivaliser avec le feu d'artifice de la nature.

Si vous utilisez ces matériaux brillants, incorporez-les dans un élément naturel relativement permanent, assurez-vous qu'ils reçoivent la lumière de façon directe ou tamisée et étudiez leur impact visuel sous différentes perspectives.

CHEMINS DE GALETS

Les galets sont l'un des plus anciens matériaux utilisés en mosaïque, et ils le furent dès le VIIIe siècle avant J.-C. à des fins décoratives. Plus tard, au début du IIIe siècle avant J.-C., les Grecs construisirent de grandes mosaïques de pavement composées de galets soigneusement choisis pour leurs couleurs, et, même avec l'apparition des cubes multicolores (tesselles), les galets restèrent un important élément de la mosaïque pendant toute l'époque grecque.

Plus récemment, et de façon plus quotidienne, les chemins et pavements en galets se sont multipliés dans nombre de villes et de villages. On redécouvre aujourd'hui ces formes d'art anciennes ainsi que les décors d'époque, intérêt qui se manifeste dans de grandes réalisations urbaines. On voit de plus en plus souvent apparaître, dans les jardins citadins, des allées en galets décoratifs qui donnent un nouveau lustre aux surfaces cimentées.

Il ne faut pas oublier cependant les considérations liées à l'environnement, le prélèvement de galets ne devant pas nuire à ce dernier. Il est indispensable de recevoir l'accord du propriétaire du terrain ou de la mairie avant de prélever les matériaux nécessaires.

En ramassant vos cailloux, rappelez-vous que couleur et forme sont les deux seuls éléments importants, et ne vous préoccupez pas des légères différences de texture, qui seront imperceptibles quand la mosaïque sera vue de haut. Les pierres poreuses ou trop tendres ne convenant évidemment pas, n'utilisez que des pierres dures et solides, silex ou granit.

Cet élégante bordure (à gauche) formée d'un délicat motif classique de feuillage en volutes, offre un contraste spectaculaire avec les galets blancs et noirs, contraste qui produit un effet recherché, parfait notamment pour les bordures de plate-bande. Les galets de la bordure sont posés dans le même sens, mais ceux du milieu sont placés au hasard.

Un parterre de galets est un élément de décoration original dans un jardin soigné, et son entretien est réduit au minimum. Ici (à gauche), le parterre est structuré par des briques, tout comme les mosaïques grecques l'étaient autrefois par des bandes de plomb.

Le motif guilloché classique (deux lignes onduleuses qui se croisent de façon régulière et qui évoquent ici des cordes) forme une bordure nette (ci-dessous) pour les éléments de jardin circulaires tels que les piliers, les statues et les contenants de grande taille.

Poser une mosaïque de galets est un travail difficile et fatigant pour le dos, il vaut mieux confier cette tâche à un professionnel, qui se réfèrera à vos plans, ou, si vous vous en remettez à vous-même, procéder par sections réalisées en atelier que vous assemblerez et poserez assez rapidement (voir p. 90-93). Toutefois, en raison du poids des galets incrustés dans le ciment, ce travail ne peut être exécuté par une seule personne, et il vous faudra de l'aide ; de même, en raison de l'échelle de l'ouvrage, il vaut mieux s'entraîner d'abord sur une petite réalisation, seuil de porte, détail d'une allée ou bordure de plate-bande.

DALLE DE PAVEMENT EN GALETS

Maggy Howarth, qui débuta comme décoratrice de théâtre, s'inspira pour ses mosaïques de galets revêtant les rues de certains villages du Lancashire et des remarquables pavements d'Espagne, d'Italie et de Grèce. Elle commença avec de simples motifs géométriques mais se consacra bientôt à des œuvres de plus grande envergure comportant des éléments figuratifs, étoiles, lunes, soleils, poissons, oiseaux et animaux fantastiques, représentés par toute une gamme de galets et de cailloux. Elle aime le contact des pierres elles-mêmes, qu'elle collectionne en grandes quantités (voir aussi p. 86-87) et classe soigneusement selon leur taille, leur couleur et leur forme. Ces pierres, et elles seules, composent toute la palette de l'artiste.

Préférant travailler dans un atelier plutôt qu'à l'extérieur, Maggy a conçu sa propre méthode indirecte, et procède par sections réalisées dans des moules. Cette méthode ne réclame ni outils sophistiqués ni technique complexe, mais simplement de l'expérience, et il vaut mieux commencer par une dalle de pavement ou un seuil en pierre. Les mosaïques en galets sont généralement plus importantes que les œuvres courantes en tesselles de céramique et, bien entendu, beaucoup plus difficiles à manipuler. Malgré ces restrictions pratiques, les réalisations obtenues sont souvent spectaculaires et peuvent marquer de façon originale les allées et les bordures. L'œuvre présentée ici après une averse, à la fois originale et harmonieuse, conviendrait tout aussi bien pour un jardin citadin qu'à la campagne.

La dalle de pavement ci-contre présente des galets incrustés dans un mélange de sable sec et de ciment (dans une proportion de trois pour un), qui a été activé par l'eau d'un vaporisateur de jardin. Il vaut mieux la placer dans un espace dallé ou en brique, pour qu'elle ne soit pas salie par du gravier ou de la terre. Vous pouvez aussi entourer la dalle d'un encadrement carré en galets qui devra être fixé directement dans le ciment au moment de la pose de la dalle.

Le corps polychrome de ce phénix (page ci-contre à gauche), détail d'une grande mosaïque en galets de Maggy Howarth, montre la vaste gamme de couleurs et de formes des galets ordinaires et l'importance de lignes de pose orientées.

1

Fournitures

Galets durs (par exemple quartz, granit, calcaire)
Morceaux d'ardoise
Sable sec
Mortier à base de ciment, sans colle
Ciment
Liant

Outils

Papier blanc, assez pour recouvrir un disque de 90 cm de diamètre
Fusain
Feuille de plastique épais
Blocs de bois
Marteau
Clous
Palette industrielle ou planche épaisse
Carte plastique
Pinceau raide
Vaporisateur à main de jardin
Seau
Pelle de jardin
Truelle
Tasseau en bois
Brosse de ménage dure
Ciseau à bois

1. Lavez et séchez les galets. Sur une grande feuille de papier ou plusieurs feuilles assemblées, tracez un cercle de 90 cm de diamètre et dessinez le motif de base au fusain. Comme vous travaillez en méthode indirecte, le motif apparaîtra inversé sur la pièce terminée. Annotez le motif pour identifier les différents types de galets et recouvrez d'une feuille de plastique épais. Construisez un moule circulaire autour du motif (par-dessus le plastique) avec des blocs de bois hauts de 10 cm au moins. Clouez-les sur une petite palette industrielle ou une planche épaisse. Ceinturez l'intérieur de feuille plastique, ce qui empêchera le

2

4

3

5

ciment de coller aux blocs de bois.

2. Disposez sur le dessin du motif les ardoises formant l'oiseau. Quand vous avez fini de composer l'oiseau, retirez les ardoises et saupoudrez toute la surface de sable, en cachant le motif.

3. Posez à nouveau l'oiseau, en repoussant le sable au pinceau pour que les ardoises reposent directement sur le plastique. Posez ensuite les autres motifs, puis la bordure et enfin le fond. Les galets doivent être debout (comme des icebergs à l'envers), enfoncés dans le sable, leur extrémité étant séparée du plastique par une très fine couche de sable. La profondeur du sable donne la hauteur de dépassement des galets et des ardoises, lorsqu'ils seront enfoncés dans le mortier ; il faut donc le pousser contre les côtés des pierres et lui donner la même épaisseur sur tout le motif.

4. Humidifiez uniformément le sable sur toute sa surface avec un pulvérisateur à main. Mélangez ensuite un demi-seau environ de mortier à base de ciment non rétractable (en suivant les instructions du fabricant mais en utilisant assez d'eau froide pour faire un mélange assez liquide). Versez-le rapidement et uniformément sur les galets, en faisant attention à ne pas déplacer le sable ; certaines pierres seront complètement recouvertes et d'autres dépasseront, selon leur taille. Quand toute la surface est recouverte d'une épaisseur de 2 cm, tapotez la planche de base pour déloger d'éventuelles bulles d'air et laissez prendre 4 à 5 heures jusqu'à ce que vous obteniez une consistance de mastic.

5. Mélangez une part de ciment pour trois de liant et deux de sable jusqu'à obtenir une consistance épaisse et presque sèche. (Il faut environ 6 grands seaux.) Versez ce mélange à la pelle sur le mortier précédent en remplissant le moule et lissez-le à la truelle.

Passez un long tasseau de bois sur la surface, puis tapotez le ciment pour le faire prendre plus vite. Recouvrez d'une feuille plastique et laissez au moins 24 heures (ou 48 s'il fait froid).

Retirez les blocs supports et soulevez la dalle. Retirez le sable à l'eau et à la brosse. Retirez au ciseau à bois les débris de mortier. Laissez sous une feuille plastique pendant quatre semaines avant de poser la dalle (voir p. 91).

GROTTES ET MURS DE JARDIN

Une grotte de jardin doit, par définition, faire la part belle à la fantaisie, voire au fantastique. Les paysagistes de la Renaissance donnaient libre cours à leur imagination pour créer des édifices extraordinaires et très élaborés, aux curieux détails champêtres. Le goût du XVIIe siècle pour les ornements fantaisistes et le développement du « pittoresque » au XIXe siècle furent à l'origine d'une nouvelle mode d'édifices bizarres, imitant les cavernes et les grottes. L'intérieur de ces structures, orné de stalactites ou aux murs dégoulinants d'eau, était souvent décoré de cailloux, de coquillages, ou de pierres fines et même de morceaux de miroir. Tout cela scintillait pour créer un environnement à résonance magique, souvent rehaussé par des lumières d'ambiance théâtrales.

Les paysagistes actuels n'ont aucun goût pour ce genre de créations artificielles et spectaculaires, mais le désir de construire, d'inventer et d'embellir est toujours présent. C'est pourquoi l'on construit encore aujourd'hui des grottes et des gloriettes, bien que moins extraordinaires, dans des styles extrêmement personnels et donc infiniment variés.

La fenêtre de cette grotte de verdure (ci-dessus) révèle une composition en mosaïque remarquablement décorative, contrastant totalement avec l'extérieur rustique de l'édifice. L'ouvrage se complaît dans sa propre incongruité, son créateur s'étant manifestement amusé à dissimuler en partie par un encadrement fruste un décor soigneusement conçu et étincelant. Réalisé uniquement en carreaux de faïence irréguliers mais aux formes étudiées, le motif ornant l'intérieur de la grotte est un mélange hybride de styles classique, Art nouveau et années 20, présentant à la fois de grandes arabesques de verdure et des étoiles anguleuses. La date, dans un sobre cartouche en mosaïque, confirme la majesté voulue de l'œuvre.

A moins que la mosaïque ne soit posée sur des éléments déjà existants, il est probable que vous devrez faire appel à des entrepreneurs qui engloutiront une grande partie de votre budget. Les dessins préalables sont le pivot de l'ouvrage, et, sans eux, vous seriez à la merci de vos entrepreneurs. N'oubliez pas non plus que toute œuvre en mosaïque étant en trois dimensions, elle participe de la sculpture, et qu'avant de commencer toute réalisation il est nécessaire de considérer avec attention la relation entre les plans ainsi que l'effet produit sous différents angles.

S'il est possible de surmonter ces difficultés, la conception et la création d'une « grotte moderne » aux éléments de mosaïque peuvent apporter de grandes joies ; on peut ainsi incruster de coquillages une alcôve dans un mur de jardin et lui incorporer un siège en mosaïque sur lequel des tesselles dessineront des coquilles Saint-Jacques, ou encore entourer de morceaux de miroir et de verre coloré un petit bassin en rocaille, surmonté par un dais en mosaïque d'éclats de faïence de couleurs vives.

La grotte plonge ses racines dans le style classique ; les Romains bâtissaient déjà ce genre d'édifices dans les jardins, sous forme de voûtes offrant d'extravagants effets d'eau. Au XVIIe siècle, l'influence classique, qui avait envahi les jardins européens, se manifestait surtout dans des grottes consistant souvent en une volée de marches menant à une façade à colonnes.

La forme et la décoration des colonnes en mosaïque de Stephen Windsor Clive (à gauche) sont inspirées de l'art romain. Leur créateur a utilisé galets, tesselles de marbre et améthyste brute (ci-dessus).

Les plaques murales étincelantes en morceaux de faïence et de miroirs de Cleo Mussi confèrent une sorte de magie à cette retraite dissimulée au fond du jardin (pages suivantes).

L'ESCARGOT VOYAGEUR

L'intérêt que porte Martin Cheek à l'animation l'a conduit à explorer des usages à la fois humoristiques et inattendus de la mosaïque (voir aussi p. 16-20 et 76-77). Dans cette œuvre, le mouvement est figuré par le fil argenté d'éclats de miroir qui imite la trace de l'escargot. L'image de l'escargot allant tranquillement son chemin sur un mur est dans la grande tradition des ornements de jardin et des folies, dont le seul but est de décorer et d'amuser.

On peut également représenter en mosaïque des insectes, (des chenilles, notamment) des araignées, des oiseaux ou d'autres animaux (voir p. 112-123), ou encore du feuillage.

Fournitures

Panneau d'aggloméré ou de contreplaqué
Tesselles en pâte de verre
Smalts dorés et argentés
Ciment
Sable liant
Éclats de miroir

Outils

Papier brun d'emballage
Ruban adhésif à paquets
Pince à tailler
Gomme arabique
Truelle
Scalpel
Éponge
Chiffon non pelucheux

1

3

2

4

1. Coupez un morceau de panneau d'aggloméré ou de contreplaqué un peu plus grand que le futur escargot (moins sa trace). Mouillez et tendez du solide papier brun sur cette planche et maintenez avec du ruban adhésif. Dessinez ensuite les contours de l'escargot sur le papier, en image inversée, la méthode étant indirecte (voir p. 18-19), et, avec la pince à tailler, coupez en quatre quelques tesselles en pâte de verre (voir p. 17), en les mettant en place pour juger de leur effet. En partant du centre de la coquille et en spirale vers l'extérieur, collez les tesselles avec de la gomme arabique, sans oublier de poser chaque tesselle face vers le bas (y compris les tesselles métalliques). Grignotez les tesselles pour les adapter à la courbure de la coquille. Terminez l'escargot et laissez sécher au moins une heure.

2. Pour préparer le mur, mélangez cinq parts de sable liant à une part de ciment et ajoutez assez d'eau pour former un mélange ferme mais de consistance malléable. Appliquez ensuite libéralement le mélange à la truelle sur la surface où s'appliqueront l'escargot et sa trace, en appuyant bien sur la brique (ou toute autre surface). Retirez le ciment en excès, égalisez et rayez avec la pointe de la truelle, puis laissez sécher toute la nuit, en recouvrant avec une feuille de plastique s'il risque de pleuvoir ou de geler.

3. Détachez au scalpel l'escargot de sa feuille de papier, en laissant environ 2,5 cm tout autour. Faites un nouveau mélange de ciment et appliquez-le à la truelle en couche épaisse, sur une surface un peu plus grande que l'escargot (moins sa trace). Laissez le ciment sécher dix à vingt minutes (il doit devenir collant), puis posez la mosaïque dessus en appuyant bien et en tapotant sur le papier. Grattez le ciment en excès mais ne retirez pas le papier. Posez une nouvelle ligne de ciment sur la surface de la trace et collez-y rapidement les éclats de miroir.

4. Trois heures plus tard, passez une éponge mouillée sur le papier support de la mosaïque et retirez-le doucement. Grattez les restes de ciment à la surface des tesselles et faites briller avec un chiffon non pelucheux.

VASQUES DE JARDIN

Que vous décoriez une jardinière, un petit pot (voir p. 102-103), une grande urne ou des objets moins courants, comme une vieille baignoire, un évier, un tuyau de cheminée ou tout autre contenant d'extérieur, il est conseillé d'utiliser des ciments et des mortiers résistant à l'eau et au gel (voir p. 14-15), qui supporteront sans problème les rigueurs de l'hiver, et d'enfoncer les tesselles aussi profond que possible. C'est encore plus important pour les vasques destinées aux plantes, dont l'intérieur est également exposé à l'humidité et à la croissance des racines. Le parfait contenant devrait maintenir le terreau humide, même sans arrosage quotidien, sauf en été. Les contenants en terre cuite doivent donc être doublés au préalable avec un pot plus petit en plastique ou en fibre de verre, qui ralentira l'évaporation de l'eau et empêchera l'humidité de se déposer sur les parois, ce qui risquerait de décoller la mosaïque. Si ces pots ne sont pas vernissés, il vaut mieux les mettre à l'abri en hiver pour éviter les dommages du gel. La pierre artificielle à base de ciment, bien que plus solide, ne possède pas la jolie patine de la terre cuite.

Dans ce curieux jardin (à droite), la mosaïque est le leitmotiv qui relie les murs aux autres éléments décoratifs, dont ce pot en terre sphérique. Certaines couleurs se retrouvent dans les uns et les autres, mais les surfaces géométriques colorées sont encore plus frappantes dans les parties constituées d'éléments circulaires, lesquels accentuent les jeux de lumière. Le créateur joue ici avec les contrastes, dans les coloris comme dans les textures, comme en témoignent les morceaux de céramique non jointoyés côtoyant le revêtement lisse en pastilles rondes de faïence noire.

La beauté de ce balcon méditerranéen est rehaussée par cet élégant vase en terre (ci-dessus), qui reprend la texture du mur blanchi à la chaux. Les morceaux de faïence et la terre cuite se fondent harmonieusement avec les formes organiques des pierres et des coquillages pour créer une mosaïque qui coule sur le vase en vagues douces.

Toutes les décorations en mosaïque devraient être fonction du contenant choisi ainsi que des couleurs et des formes de son environnement ; elles ne doivent pas être trop complexes, et les tesselles qui les composeront devront être en harmonie avec la couleur et la texture de base du récipient concerné (voir aussi p. 84 et 85) si celui-ci ne doit être que partiellement recouvert.

POT À L'ÉTOILE

Cleo Mussi, l'une des personnalités les plus respectées et les plus créatives parmi les mosaïstes contemporains, a réalisé des œuvres de toute taille (voir p. 24-25, 68-69, 96-97 et 105), mais elle apprécie particulièrement l'humble pot à fleurs, matière vierge qui, grâce aux motifs, aux couleurs et aux textures de la mosaïque, prend vie et personnalité.

Rien ne vous empêche de faire tout aussi bien. Rappelez-vous que le motif devra rivaliser avec le feuillage de la plante et ne soyez pas trop discret dans votre choix ; les rythmes que composent les tesselles doivent être vigoureux et chaleureux. Les motifs géométriques classiques sont généralement les plus réussis, une étoile, par exemple, ou d'autres formes simples et nettes comme celles proposées en fin d'ouvrage (voir p. 112-123). Vous pouvez rendre ces formes plus complexes avec plusieurs sortes de faïence ou même par un jointoiement coloré, en contraste ou assorti (voir p. 14-15).

Il est possible de composer ces œuvres de petites dimensions avec des tesselles particulièrement intéressantes, une seule assiette pouvant suffire à fournir tous les morceaux qu'il vous faudra pour une couleur ou un motif donnés. Plus la réalisation est grande, plus l'emploi de vaisselle devient bien sûr problématique, car il est toujours difficile d'envisager de casser un service entier. Les petits objets fournissent l'occasion d'utiliser la porcelaine fêlée ou cassée, en une sorte de recyclage tout à fait approprié aux pots et autres petits contenants de jardin.

1

2

Fournitures
Pot en terre cuite
Peinture laquée brillante
Faïence cassée
Ciment-colle résistant à l'eau
Ciment-joint
Gouache ou peinture acrylique

Outils
Petit pinceau pour travaux courants
Craie
Pince à tailler
Couteau à enduire flexible
Gants de caoutchouc
Brosse à dents
Chiffon non pelucheux

3

1. Recouvrez le pot de peinture brillante de la couleur de votre choix, en peignant l'intérieur sur une certaine hauteur pour donner l'impression qu'il est entièrement vernissé.

2. Dessinez à la craie directement sur le pot les lignes principales du motif. (Si votre peinture est de couleur claire, prenez une craie également claire.)

3. Appliquez les morceaux de faïence en enduisant l'envers de ciment-colle avec le couteau à enduire. Façonnez les morceaux à la forme désirée avec la pince à tailler (voir p. 17).

4. Laissez le pot sécher 24 heures, puis faites un mortier (voir p. 17) coloré avec de la gouache ou de la peinture acrylique (voir p. 14-15) et, en vous protégeant avec des gants de caoutchouc, passez-le sur toute la surface de mosaïque. Retirez aussitôt l'excès de ciment-joint avec une brosse à dents. Laissez sécher 24 heures puis frottez avec un chiffon non pelucheux.

4

JEUX D'EAU

L'eau sous toutes ses formes, du léger ruissellement aux grands lacs, anime depuis toujours les jardins par son mouvement, son éclat, ses reflets et son doux murmure. Fontaines, bassins et canaux commencèrent à être populaires au XIIIe siècle et étaient devenus au XVIIe siècle un élément essentiel et fréquemment humoristique de nombreux décors de jardin : les jets d'eau étaient souvent étudiés pour asperger la robe des dames qui les déclenchaient par inadvertance en passant tout à côté.

Aujourd'hui, avec l'avènement des pompes électriques submersibles et des revêtements de bassin souples, la fonction esthétique des jeux d'eau devient plus importante que la mécanique qui les

anime, et la mosaïque se révèle le moyen de décoration le plus approprié. Les tesselles en céramique et en verre sont généralement résistantes à l'eau et aux intempéries et peuvent recouvrir des surfaces aussi bien courbes que plates. En outre, la mosaïque utilisée sur ces éléments permet de faire écho à la gamme des couleurs naturelles et au jeu de la lumière sur l'eau. Les petits éléments conviennent mieux aux jardins modernes, du simple bain pour oiseaux (voir p. 108-111) aux bassins, en passant par les fontaines, les mini-cascades, les vasques, les ruisselets et les piscines. Si elles sont peu profondes, on peut recouvrir le fond de ces dernières de mosaïque, laquelle devient un dessin liquide et mouvant sous sa couverture d'eau ; dans le cas contraire, le bord sera revêtu de tesselles dont les couleurs se refléteront sur la surface de l'eau. Les plantes à proximité des jeux d'eau offrent également des possibilités intéressantes.

Les jeux d'eau en mosaïque sont un ornement de jardin original. Du mysticisme néobyzantin (page ci-contre à gauche) à la polychromie de « vitrail » de Cleo Mussi (à gauche et ci-dessus), ces exemples montrent la variété et l'originalité de chaque décor.

Ce jardin méditerranéen entouré de murs (à gauche) abrite une oasis pour sybarites, au décor spirituel et érotique. Au fronton de la piscine, deux nymphes enlacées sont entourées par un soleil de style Arts déco. Ce sujet fait écho au vaste motif circulaire bleu et noir du fond du bassin, inspiré d'un modèle romain. Les sirènes qui complètent cet ensemble éclectique étalent complaisamment leur beauté au fond de l'eau. Le décor en mosaïque transforme ici une piscine rectangulaire ordinaire en un paradis privé particulièrement original.

Cette vaste piscine (page ci-contre), bien que d'une forme intéressante, repose au milieu d'une terrasse dallée plutôt austère d'où toute verdure a été bannie. L'aspect général en serait peu engageant et peu chaleureux sans l'intérêt visuel créé par l'immense revêtement en mosaïque sur le fond du bassin. Si le motif mystique, mi-abstrait, mi-figuratif, présente un aspect monumental qui s'accorde avec l'environnement, la délicatesse de ses coloris rend la piscine plus accueillante.
Le feuillage de l'arbre incorporé dans le motif de mosaïque fait écho aux frondes des palmiers entourant le bassin, en une subtile harmonie qui atténue la couleur et les textures artificielles de la terrasse.

Peu de gens peuvent s'offrir le luxe d'une piscine décorée de mosaïque, mais celle-ci permet de remplacer agréablement les carrelages bleus ou bleu marine classiques. On peut employer la mosaïque de plusieurs façons : en bordure, au-dessus de la surface de l'eau ou sur le bord ; sur les murs et les escaliers adjacents ; pour décrire des motifs sur les côtés ou une partie du fond ; ou pour doubler le bassin tout entier. La couleur du revêtement déterminant la couleur de l'eau, il est important de choisir un motif approprié aux « couleurs aquatiques » et de dimensions suffisantes pour qu'il ne pâtisse pas des distorsions dues à la réfraction de la lumière.

BAIN POUR OISEAUX

Candace Bahouth collectionne toutes sortes de céramiques et de faïences bizarres, originales ou kitsch pour les associer dans ses mosaïques insolites, spectaculaires et souvent humoristiques. Son expérience de designer en textile et de tisserand lui donne une grande sûreté dans le choix des motifs et des couleurs, et elle peut créer à partir des sources les plus inattendues une mosaïque remarquable et unique où se retrouveront côte à côte les restes d'une cafetière des années 50, un service à thé de série et une soupière du XIXe siècle.(Voir aussi p. 40, 80-81 et 84.)

On pourrait penser qu'une mosaïste aussi éclectique ne serait guère intéressée par un bain pour oiseaux, mais ce genre d'objet massif, solide et quotidien, dont la transformation relève du pari, l'attire au contraire invariablement : la couleur en est neutre, il sera peint dans un bleu provençal sonore ; la forme en est simple et classique, il sera décoré sur presque toutes ses surfaces ; il est prévu pour un jardin campagnard, il sera parsemé de tesselles rouge rubis et d'éclats de miroir. L'œuvre achevée témoigne d'une extraordinaire fusion de styles, et que cette piscine soit destinée à des oiseaux est à la fois un clin d'œil à la civilisation du « standing » et un hommage aux véritables propriétaires du jardin.

Candace Bahouth travaille de façon spontanée, en ébauchant seulement les grandes lignes de son motif, et préfère exploiter les accidents de parcours et les effets inattendus. C'est avec un marteau qu'elle casse la faïence, pour obtenir des tesselles de forme irrégulière qu'elle peut juxtaposer à la manière d'un puzzle. Il n'est pas nécessaire que leur assemblage soit parfaitement précis, cette irrégularité produisant un effet de puzzle très agréable qui donne à l'œuvre un aspect dynamique. Les espaces peuvent être comblés avec de petits éclats de faïence, et toute la surface de la mosaïque sera jointoyée.

Si ce bain pour oiseaux d'un bleu intense (page ci-contre) se détache nettement sur les verts et les rouges du jardin en ce début du printemps, il est cependant en parfaite harmonie avec son environnement. La mosaïque qui le décore adoucit ses lignes classiques et vigoureuses et fait écho à la diversité des éléments naturels qui l'entourent.

Le bord du bassin ci-dessus est enjolivé de tesselles rouges et vertes profondément incrustées dans un épais ciment de jointoiement coloré en bleu. Cet effet somptueux est repris à l'intérieur de la vasque elle-même, où les tesselles rouges sont semées comme des pièces d'une « fontaine à vœux », dans un tourbillon d'éclats de miroir.

Fournitures
Bain pour oiseaux de série
Faïence
Ciment-colle résistant à l'eau
Gouache ou peinture acrylique
Éclats de miroir
Peinture-laque d'extérieur

Outils
Lunettes de protection
Marteau
Spatule en caoutchouc
Pince à tailler
Brosse à ongles
Chiffon non pelucheux
Fusain
Gants de caoutchouc
Pinceau courant

1

2

1. Il convient de travailler sur un bain pour oiseaux ordinaire en ciment, n'ayant reçu aucun traitement préalable. Vous en trouverez dans les jardineries. Choisissez-le d'une forme très simple, les tesselles seront plus faciles à appliquer. La plupart sont démontables en deux ou trois parties, pour faciliter le transport. Chaque pièce doit être complètement sèche avant que vous commenciez la mosaïque.

2. Chaussez des lunettes de protection et cassez la faïence au marteau en gros éclats, sur une surface dure. Mélangez le ciment-colle en assez grande quantité pour recouvrir approximativement la moitié de l'extérieur du bassin (trois parts de ciment-colle pour une part d'eau). Quand vous avez obtenu un mélange d'une consistance de pâte à gâteau, appliquez-le directement sur le bassin avant de coller les tesselles.

3. Appliquez les morceaux en les serrant, comme les pièces d'un puzzle, et en laissant une bordure. Remplissez les interstices par de petits éclats et façonnez à la pince à tailler certains morceaux de forme particulière. Il vaut mieux enduire ces morceaux directement de ciment-colle. Collez les morceaux arrondis sur les courbes et ne laissez dépasser aucune arête qui pourrait blesser. Si vous arrêtez de travailler, laissez sécher le bassin dans un endroit sec. Préparez du ciment-colle pour terminer le bassin. Quand tout l'extérieur du bassin est recouvert, sauf la bordure, laissez sécher 24 heures au moins et jointoyez (voir page 17), avec le même ciment-colle coloré de gouache ou de peinture acrylique. Retirez l'excès de ciment avec une brosse à ongles sèche, puis frottez avec un chiffon non pelucheux. Laissez sécher complètement.

4. Tracez sur l'intérieur du bassin

3

4

une spirale au fusain où vous appliquerez ensuite une ligne d'éclats de miroir que vous enduirez bien de ciment-colle.
Le miroir se brisant très brusquement, même avec la pince à tailler, vous devez faire très attention et porter des lunettes de protection. Quand la spirale est collée, remplissez la surface environnante avec des morceaux de faïence en laissant le bord libre. Triez ensuite le plus de morceaux possible possédant un rebord et collez-les de façon qu'ils dépassent légèrement les bords intérieur et extérieur du bassin. Puis remplissez l'espace entre les deux, avec des morceaux rectangulaires sans rebord, en recouvrant toute la surface. Laissez à nouveau le ciment-colle sécher 24 heures, puis jointoyez l'intérieur et le bord du bassin.

5

5. Après avoir appliqué de la mosaïque sur les autres surfaces que vous aviez décidé de décorer (comme la base), peignez le pied avec une peinture d'extérieur de bonne qualité et laissez sécher. Laissez le bain pour oiseaux dans un endroit chaud et sec pendant au moins trois jours.
Quand tout est parfaitement sec, faites briller la mosaïque avec un chiffon non pelucheux légèrement humide.

MOTIFS

Les motifs de mosaïque peuvent s'inspirer de toutes sortes de sources, dont la photographie, les textiles et les beaux-arts, mais il est souvent plus facile d'utiliser de simples graphismes. Vous trouverez dans ces pages toute une gamme de ces motifs qui, tracés en noir et blanc, offrent un canevas général, en vous laissant le choix des tesselles ou des couleurs, des associations de motifs ou des objets à décorer.

Les dessins géométriques réguliers sont parmi les plus simples à réaliser en mosaïque. Leur aspect angulaire est approprié à ce matériau généralement dur, et, comme le plus souvent les motifs géométriques se répètent, le mosaïste peut travailler assez rapidement. Souvent utilisés pour les bordures, ils peuvent entourer ou encadrer des motifs figuratifs qu'ils mettent en valeur.

Les motifs floraux stylisés obligent à couper des formes légèrement plus élaborées que pour les motifs géométriques (voir page précédente), mais il est facile de « rogner » le bord des tesselles en pointe ou en arrondi avec la pince à tailler. Rappelez-vous aussi que l'on peut donner l'impression d'une courbe par une illusion d'optique, avec une série de bords droits en biais l'un par rapport à l'autre. N'ayez pas peur de remplir les espaces vides avec du mortier de jointoiement, mais ajoutez-y du colorant si nécessaire, pour qu'il disparaisse dans la masse.

La mosaïque était l'un des principaux procédés de décoration utilisés par les Grecs et les Romains (voir p. 8-9) pour embellir les murs, les sols et même des pavements entiers. Il existe en conséquence un grande richesse de motifs classiques, toujours très appréciés des mosaïstes actuels.

Les motifs d'animaux, les plus fréquemment utilisés en mosaïque (voir p. 54-55, 90-93 et 98-99), sont particulièrement réussis quand ils restent simples. Leurs formes familières sont reconnaissables même lorsqu'ils sont très schématisés.

Étoiles, soleils, lunes et planètes sont des motifs très vigoureux, chargés de symboles. Ils conviennent tout aussi bien à de petits objets, auxquels ils donnent une dimension spirituelle, qu'à de grands décors, qui bénéficient de leur puissant intérêt graphique. Cupidon (page ci-contre), bien que ne faisant partie ni de l'astrologie ni de l'astronomie, possède également une sorte de présence mystique ; selon la mythologie, son influence s'étendait sur les cieux, la mer et la terre.

Les sujets marins, souvent employés dans les salles de bains (voir p. 63 et 71-77), sont pourtant très polyvalents et s'adaptent facilement.

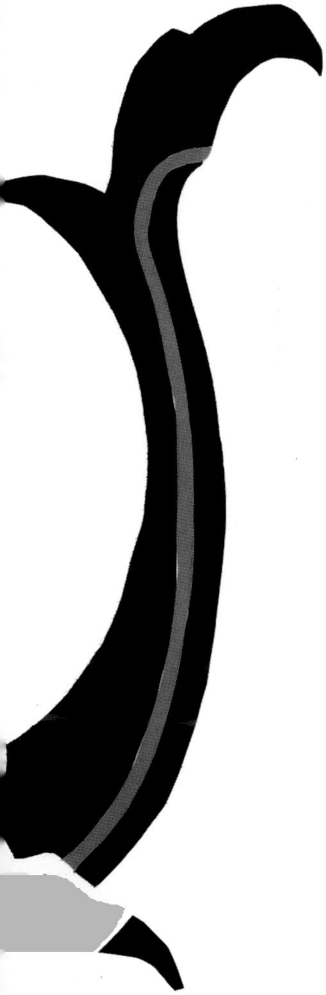

Avec des motifs marins, même en petit nombre, on peut créer dans une salle de bains une atmosphère chaleureuse évoquant le soleil, la mer et le sable. Ces motifs rendent aussi un effet saisissant sur des boîtes et autres petits objets (voir p. 46-49).

GLOSSAIRE

Acide chlorhydrique Acide utilisé pour retirer le ciment ou le mortier en excès sur la mosaïque.

Additif au latex Additif pour ciment à base de latex, lui donnant de la souplesse.

Bandes de mosaïque On peut acheter des bandes de mosaïque toutes faites, les tesselles étant fixées sur un support en Nylon ou en fibres. Relativement simples à poser, ces bandes sont parfaites pour des travaux de grande envergure ou lorsqu'on désire utiliser un motif qui se répète (voir p. 64-65).

Base des tesselles Le choix du matériau de base varie en fonction de divers facteurs, tels que l'emplacement et la dimension de l'ouvrage et les tesselles utilisées (voir p. 14). L'aggloméré ou le contreplaqué, le bois et le ciment sont des bases courantes.

Ciment Il est utilisé à la fois comme base et comme matériau pour coller les tesselles sur une base. Il convient parfaitement pour l'extérieur en raison de sa solidité.

Ciment-colle pour carrelage Il permet de coller la céramique et le verre sur du bois, des matériaux synthétiques ou autres.

Ciment-colle résistant à l'eau Il est utilisé pour coller céramique et verre sur du métal ou du ciment destiné à l'extérieur.

Colorant pour ciment Il permet de colorer le ciment.

Emblemata Panneaux romains complexes, figuratifs, insérés dans le décor d'un sol et constituant un pôle d'attraction.

Enduire Appliquer le ciment-colle sur l'envers des tesselles.

Gomme arabique Colle provisoire à base d'eau qui peut servir à fixer des tesselles sur du papier, la gomme arabique est souvent utilisée avec la méthode indirecte (voir p. 18-19). La colle à papier peint la remplace parfaitement.

Gouache Peinture à base d'eau qui peut être utilisée pour colorer le mortier de jointoiement.

Grignoter Détacher de minuscules morceaux de tesselles avec la pince à tailler, pour obtenir une forme déterminée.

Interstices Espaces entre les tesselles.

Jointoyer Appliquer du mortier de jointoiement sur la surface d'une mosaïque pour remplir les interstices entre les tesselles et obtenir une surface lisse et plus durable.

Liant vinylique Colle vinylique permettant de coller du verre ou de la céramique sur du bois, du panneau de particules ou du contreplaqué.

Marteline et bigorne Outils utilisés pour couper les tesselles. On place la tesselle à couper sur la bigorne, petite enclume en métal à la pointe généralement renforcée de tungstène et fixée dans un bloc de bois. On tape ensuite sur la tesselle avec la marteline, dont la lame assez grande est en forme de faucille, pour la fendre en deux.

Mastic au silicone Colle utilisée pour coller de la céramique sur du verre et la plupart des autres surfaces.

Mastic à marbre Colle permettant de coller du marbre sur presque toutes les surfaces.

Méthode directe Méthode de base courante pour la pose de la mosaïque. Les tesselles sont coupées et collées face vers le haut, directement sur la base. La surface de mosaïque obtenue avec cette méthode n'est pas toujours lisse, et la forme et la texture des tesselles peuvent grandement varier (voir p. 16-17).

Méthode indirecte Procédé de pose de la mosaïque souvent utilisé pour les ouvrages de grandes dimensions destinés à l'extérieur. Les tesselles sont collées face vers le bas sur du papier avec une colle provisoire à base d'eau, généralement de la gomme arabique ou de la colle à papier peint. On peut alors transporter la mosaïque si nécessaire, d'un seul tenant ou en plusieurs parties, pour la fixer dans sa base définitive, le côté papier se trouvant sur le dessus. On retire ensuite le papier pour révéler l'œuvre terminée. La surface obtenue est généralement lisse, surtout si elle est jointoyée.

Mortier Mélange à base de ciment servant à jointoyer.

Opus tessellatum Procédé romain de pose de la mosaïque, des tesselles carrées et régulières étant appliquées de façon rectiligne. Le motif uniforme obtenu était fréquemment utilisé pour remplir de vastes surfaces de fond.

Papier à patrons Papier à patrons de couturière utilisé dans la méthode indirecte (voir p. 18-19). On peut le remplacer par du papier kraft ou d'emballage.

Pâte de verre Tesselles carrées en pâte de verre industrielle, dont l'envers est légèrement en creux pour faciliter l'adhésion. La gamme de couleurs est plus limitée que pour les smalts, mais la pâte de verre est relativement bon marché et très solide.

Peigne à colle Truelle rectangulaire à la surface lisse et offrant un côté en dents de scie, permettant de lisser et de rayer le ciment.

Peinture acrylique Peinture à base d'eau pouvant être utilisée pour colorer le mortier de jointoiement.

Pince à tailler Outil pour couper les tesselles en verre ou en céramique. Généralement renforcée au carbure de tungstène, la pince à tailler est parfaite pour obtenir une forme donnée.

Rayer On raye une base lisse avec un outil tranchant, souvent une scie, pour obtenir une surface permettant l'accrochage des tesselles.

Résine époxy Colle très puissante utilisée pour coller le verre et la céramique sur du métal. La résine doit d'abord être mélangée avec un durcisseur.

Sable blanc Il peut être ajouté au mortier pour modifier sa couleur.

Scie sauteuse Sorte de scie permettant de découper des formes relativement complètes.

Smalts Tesselles de mosaïque traditionnelles fabriquées en Italie et que l'on peut acheter en plaques à couper ensuite avec une marteline et une bigorne, ou précoupées sous forme de morceaux assez irréguliers de pâte de verre.

Tesselles Éléments de base de la mosaïque. Le terme englobe divers matériaux et fragments de matériaux dont les pierres et les galets, et les fragments de verre, de faïence, de céramique et de miroirs.

Tesselles de remplissage Éclats de tesselles servant à remplir les interstices.

Tesselles en céramique Généralement les moins coûteuses, les tesselles en céramique proviennent d'une large gamme de matériaux en faïence ou en céramique vernissée ou non, dont les carreaux de faïence classique et la vaisselle.

INDEX

Les numéros de page en *italique* se rapportent aux illustrations

CRÉDITS PHOTOS

2 Marie-Claire Idées (Hussenot/Chastres/Lancrenon) ; 3 Jean-François Jaussaud ; 7 Clive Nichols (designer : Daniel Pearson, pots Cleo Mussi ; 8 gauche Archiv fur Kunst und Geschichte, Berlin ; 8 centre Agence Top (Rosine Mazin) ; 9 Archiv fur Kunst und Geschichte, Berlin ; 10 gauche Ancient Art & Architecture Collection ; 10 droite J.P Godeaut ; 11 Archipress (Luc Boegly) ; 21 gauche Ancient Art & Architecture Collection ; 21 en bas droite C.M. Dixon ; 21 en haut droite E.T. Archive ; 22-23 Lanny Provo (designer Deborah Yates) ; 24+25 Marie-Claire Idées (Hussenot/Chastres/Lancrenon) ; 24 Cleo Mussi ; 26 Rebecca Newnham ; 27 designer Heather Burell (photographie de John Glover) ; 28 gauche Christian Sarramon ; 30 Lanny Provo (designer : Deborah Yates/Raymond Jungles) ; 38-39 Rebecca Newnham ; 40 centre Marie-Claire Idées (Chabaneix/Chabaneix) ; 44 Rebecca Newnham ; 45 The Peter Bailey Company (photographie de Jan Baldwin) ; 51 Jacqui Hurst (designer : Julie Arkell) ; 56-57 Stylograph (Morin/Côté Sud) ; 58 C. David Livingstone (designer : Bauer Louann) ; 59 Esto (photographie de Scott Frances) ; 60 gauche Henry Bourne ; 60 droite Christian Sarramon ; 62 droite Paris Ceramics ; 63 Vogue Living (Salle de bains design d'Alice Chish) ; 66 droite Tim Goffe (designer : Peter Cocks) ; 66 gauche Trevor Richards ; 67 gauche Paris Ceramics ; 67 en haut droite IPC Magazines Ltd./Robert Harding Sundication (Rapid Eye) ; 67 en bas droite Vogue Living (Salle de bains de la maison de Nicholas Feuillatte) ; 70 J.P. Godeaut (designer : Martin Lionel Dupont) ; 71 Belle Magazine (photographie de Simon Kanny) ; 72 Australian House & Garden Design Series Magazines (photographie de Russel Brooks) : 72 droite Belle Magazine (photographie de Peter Rad) : 73 Marie-Claire Maison (Chabaneix/Chabaneix/Bastit) ; 78-79 Gross et Daley ; 78 Marie-Claire Idées (Hussenot/Chastres/Lancrenon) ; 80-81 The Garden Picture Library (photographie de J.S. Sira, designer Daniel Pearson) ; 82-83 Lanny Provo (designer : Barbara Hulenicki/Carlos Alvarez) ; 84 gauche James Merrell ; 85 Nadia Mackenzie ; 86 gauche Nadia Mackenzie ; 86 droite Cleo Mussi ; 86-87 World of Interiors (photographie de Philip Sayer) ; 88-89 Vincent Motte ; 88 Stylograph (Millet/Côté Sud) ; 94 Deidi von Schaewen ; 100 Marie-Claire Idées (Maltaverne/Faver) ; 101 Lanny Provo (designer : Deborah Yates/Raymond Jungles) ; 104 Nadia Mackenzie ; 104-105 Cleo Mussi ; 105 The Garden Picture Library (photographie de J.S. Sira, designer : Daniel Pearson) ; 106 J.P. Godeau (designer : Martin Lionel Dupont) ; 107 Lisl Dennis (De Morocco de Lisl & Landt Dennis. Photographies copyright © 1992 de Lisl Dennis. Réimpression par permission de Clarkson N. Potter)